Wacker
Basenfasten plus:
Mit Schüßler-Salzen
kombiniert

Sabine Wacker

Die Autorin interessierte sich von jeher für natürliche Heilweisen und bildete sich bereits vor ihrem Medizinstudium u. a. in den Bereichen Homöopathie, Akupunktur und Psychotherapie weiter. Um im naturheilkundlichen Bereich tätig werden zu können, ließ sie sich nach dem ersten Staatsexamen in Mannheim als Heilpraktikerin nieder. Zusammen mit ihrem Mann Dr. med. Andreas Wacker, Arzt für Homöopathie, praktiziert sie dort seit 1994. Sie spezialisierte sich auf Entgiftungstherapien, Fasten und Ernährungsberatung und entwickelte aufgrund langjähriger Praxiserfahrung eine eigene Fastenmethode – das Basenfasten. Gemeinsam mit ihrem Mann veröffentlichte sie im Haug-Verlag bereits folgende Bücher: »Gesundheitserlebnis Basenfasten«, »Allergien: Endlich Hilfe durch Basenfasten«, »Basenfasten für Sie«; aus ihrer Feder stammen das vorliegende Buch sowie »Basenfasten: Das 7-Tage-Erfolgsprogramm für Eilige«, »In Balance mit Schüßler-Salzen«, »Ihr Einkaufsführer Basenfasten« sowie »Basenfasten: Das große Kochbuch«.

Sabine Wacker

Basenfasten plus:
Mit Schüßler-Salzen kombiniert

Die Power-Kur:
- Mineralien ausgleichen
- Stoffwechsel anregen
- Sanft entsäuern

Inhalt

Stopp der Übersäuerung

Power-Kur für Ihre Gesundheit   10
Wie Basenfasten entstand   12

Säurebildner rauben Mineralien   13
Basenfasten stoppt den
Mineralienverschleiß   15

Wissenswertes über Vitalstoffe   17
Vitamine   18
Mineralstoffe   20
Ballaststoffe   26
Bioaktive Stoffe –
sekundäre Pflanzenstoffe   27

Vitalstoffe – alle drin beim Basenfasten!   30
Moderne Nahrungsmittel
und ihr Vitalstoffgehalt   31

Vitalstoffschonende Zubereitung
und Lagerung   31

Höherer Mineralstoffgehalt
durch biologischen Anbau   34

Frisch gepresste Säfte   35

Saisonkalender für Obst und Gemüse   36

Leiden Sie unter Vitalstoffmangel?   38
Lebenssituationen
mit erhöhtem Vitalstoffbedarf   40

Mineralienversorgung
über Mineralwässer?   41

Mineralien auffüllen mit Tabletten?   42

Leiden Sie unter Vitalstoffmangel?   43

Inhalt

Mineralsalztherapie nach Dr. Schüßler

Sanfte Regulierung mit Schüßler-Salzen 46	Nr. 6 Kalium sulfuricum 56
Wichtige Fragen zur Schüßler-Therapie 48	Nr. 7 Magnesium phosphoricum 57
	Nr. 8 Natrium chloratum 58
Schüßler-Salze für Ihre Gesundheit 50	Nr. 9 Natrium phosphoricum 59
	Nr. 10 Natrium sulfuricum 60
Nr. 1 Calcium fluoratum 51	Nr. 11 Silicea – Kieselsäure 61
Nr. 2 Calcium phosphoricum 52	Nr. 12 Calcium sulfuricum 62
Nr. 3 Ferrum phosphoricum 53	Ergänzungsmittel 63
Nr. 4 Kalium chloratum 54	**Schüßler-Salze und Basenfasten: Erfolgsberichte** 64
Nr. 5 Kalium phosphoricum 55	

So funktioniert Basenfasten plus

Basenfasten-Basics 68	Ernährung: 100% basisch 69
Motivation 68	Trinken 70
Genuss 69	Darmreinigung 70

5

Inhalt

Bewegung	74
Erholung	74
Basenfasten heißt: Regelmäßig das Richtige essen	75
Die 10 goldenen Wacker-Regeln	76
Basometer: Alle Basenfasten-Nahrungsmittel auf einen Blick	78
Keimlinge für die Extraportion Vitalstoffe	88

1 Woche Basenfasten plus

1 Woche entsäuern – legen Sie los!	96
Basenfasten plus: 1 Woche auf einen Blick	97
Basische Frühstücksideen	98
Zwischenmahlzeiten	105
Basisches Mittagessen	106
Abendessen	111
Schüßler-Salze – das Plus bei Basenfasten plus	123
Allgemeine Unterstützung des Fastens	123
Schüßler-Salze helfen bei Nebenreaktionen	127
So finden Sie das passende Salz	128
So erhalten Sie sich Ihren Erfolg	135
Auf die richtige Mischung kommt es an!	135
Ein- oder zweimal im Jahr Basenfasten hält fit	137
Bildnachweis und Bezugsquellen	139
Literatur	139
Register	140
Impressum	144

Vorwort ◄

Liebe Leser,

Basenfasten plus – das ist die Antwort auf all die ängstlichen Fragen meiner Leser und Kursteilnehmer: »Bin ich denn während des Basenfastens ausreichend mit Vitaminen und Mineralien, vor allem mit Kalzium, versorgt?« Ja – die Angst vor Unterversorgung in einer überversorgten Gesellschaft ist groß. Mit Recht, denn nicht jeder, der sich satt isst, ist auch gut mit Vitalstoffen versorgt.

Weniger ist oft mehr – und der Weg zur Gesundheit kann ganz einfach sein – wie wir mit Basenfasten gezeigt haben. Das Buch zeigt Ihnen, wie Sie mit geschicktem Weglassen mehr Qualität in Ihre Nahrungsmittel bringen.

Und wenn der Vitalstoffhaushalt wirklich am Boden ist? Dann bringen ihn die richtigen Schüßler-Salze zusammen mit Basenfasten wieder in Schwung.

Während meiner selbstgewählten Schreibfreizeit zwischen duftendem Jasmin und italienischer Nachtigall auf meiner Lieblingsinsel Elba wurde ein Großteil dieses Buches fertig gestellt. Dank der lockeren Atmosphäre im Segelclub Elba konnte ich die leider nicht so basische Mittelmeerkost gut wegstecken. Es verleitet mich schon immer zu einem Schmunzeln, wenn in Deutschland die gesunde Mittelmeerkost so hoch gepriesen wird. Ich jedenfalls hatte meine liebe Not damit, dem Kellner klar zu machen, dass ich gerne »verdure« – Gemüse – hätte. Und Salat? Klar, den gab es schon: langweiligen Supermarktsalat mit noch grünen Tomaten. Dagegen sind meine basischen Salatrezepte richtige Leckerbissen. Ich wünsche Ihnen viel Spaß beim vitalstoffreichen Basenfasten.

Sabine Wacker

Stopp der Übersäuerung

Übersäuerung macht schlapp und krank – und führt zu Mineralstoffmangel. Es ist tatsächlich wenig bekannt, dass Säurebildner in der Nahrung dem Körper wertvolle Mineralien entziehen und dadurch zu gesundheitlichen Störungen führen. Basische Kost dagegen versorgt Sie rundum mit Mineralien und anderen wichtigen Vitalstoffen – wenn sie frisch ist und schonend zubereitet wird.

Stopp der Übersäuerung

Power-Kur für Ihre Gesundheit

Basenfasten *und* Schüßler-Salze – das ist die ideale Kombination, um den Mineralienhaushalt wieder ins Gleichgewicht zu bringen.

Gehören Sie auch zu den Menschen, die in der Pause eben mal schnell einen Kaffee trinken, viel zu viel Pasta essen und sich gerne mit was Süßem belohnen? Nicht nur die Hose fängt irgendwann an zu kneifen, auch der Stoffwechsel rächt sich und reagiert sauer. Denn: Vom Blickpunkt des Säure-Basenhaushaltes aus gesehen sind all diese leckeren Sachen Säurebildner. Wenn Sie tagein tagaus zu viele Säurebildner auf Ihrem Speiseplan haben, dann entsteht ein Säureüberschuss im Körper. Früher oder später bremsen Müdigkeit und Antriebslosigkeit, Kopfschmerzen, Allergien, Hormonstörungen, Rheuma, Darmerkrankungen, Infektanfälligkeit, schlechte Verdauung oder unreine Haut Ihre Lebensfreude. Spätestens dann wird es Zeit, die Säuren wieder loszuwerden – Entsäuerung ist angesagt. Mit Basenfasten wird Entsäuerung zum Gesundheitserlebnis.

▪ Basenfasten entsäuert den Körper, entlastet den Organismus und entschlackt das Bindegewebe

Basenfasten ist eine seit Jahren in unserer Praxis – und inzwischen auch in anderen Praxen – mit Erfolg erprobte Methode zur langfristigen Entsäuerung. Basenfasten ist der freiwillige Verzicht auf alle Säurebildner in der Nahrung für einen begrenzten Zeitraum – ein, zwei oder auch drei Wochen. Dahinter steckt der Gedanke, dass ein Großteil der modernen Lebensmittel im Körper zu Säuren umgebaut werden – folglich Säurebildner sind. Wenn Sie sich über einen längeren Zeitraum »normal« ernähren, dann kommt es zu einem Überangebot an Säuren im Körper.

▪ Wer sich heute »normal« ernährt, ernährt sich überwiegend von Säurebildnern!

Der Körper kann aber nur eine begrenzte Menge an Säuren über Nieren, Leber, Darm, Lunge und Haut ausscheiden. Überschüssige Säuren bleiben im Körper, behindern den Stoffwechsel und vor allem das Bindegewebe bei der täglichen Arbeit. Leichte oder schwere Funktionsstörungen bis hin zu Schmerzen sind Folgen solcher Säurerückstände. Zudem rauben Säurebildner wichtige Mineralien, die der Körper benötigt, um gesund und vital zu bleiben.

10

Power-Kur für Ihre Gesundheit

Die wichtigsten Säurebildner

- Alle Fleisch-, Geflügel- und Wurstwaren
- Fleischbrühen
- Fisch
- Milch (außer Rohmilch)
- Milchprodukte, alle Käsesorten

Getränke:
- Kaffee
- Schwarztee
- Früchtetee
- Softdrinks, Cola, Limonaden
- Alkohol

Alle Getreidesorten:
- Vollkorngetreide, Weißmehlprodukte – auch Nudeln, Pizza

Einige pflanzliche Lebensmittel:
- Zucker, insbesondere weißer Zucker
- alle Süßigkeiten, Eiscreme, Kuchen
- Honig
- Hülsenfrüchte (getrocknete)
- Spargel, Artischocken, Rosenkohl
- Alle Nüsse außer Mandeln und frische Walnüsse

GUT ZU WISSEN

Woher eigentlich kommt denn nun dieses Überangebot an Säuren in unserer Ernährung? Schauen Sie sich einmal die Aufstellung der wichtigsten Säurebildner an und machen Sie Inventur in Ihrer Küche. Befinden sich da nicht mindestens 80% Säurebildner? Wer sich so ernährt, für den gibt es einen Nachteil, den jeder sehen kann: Säurebildner machen dick! Das ist nicht nur ein ästhetisches Problem. Und Übersäuerung macht krank: Allergien, Rheuma, Herz-Kreislauf-Erkrankungen und vieles mehr sind die Folge.

Natürlich gibt es für Gesundheitsprobleme stets mehr als eine Ursache. So sind auch Bewegungsmangel, ungünstiger Lebensrhythmus, Genussgifte und Stress wichtige Faktoren bei der Entstehung von Krankheiten. Daher besteht mein Anliegen nicht nur darin, dass Sie ihre Ernährung langfristig »basischer« gestalten und damit gesünder und vitaler werden: Auch bezüglich Ihrer Lebensweise sollte ein Umdenken stattfinden. Damit Ihr gesamter Organismus aufatmen kann, habe ich Ihnen in diesem Buch ein Basenfasten-Programm mit besonders vitamin- und mineralstoffreichen Rezepten zusammengestellt und es mit der bewährten Mineralsalz-Therapie nach Dr. Schüßler kombiniert. Durch die Schüßler-Salze wird Ihr Organismus angeregt, die mit der Nahrung aufgenommenen Mineralien noch besser zu verwerten – die Power-Kur, mit der Sie (wieder) schlank, fit und gesund werden!

Stopp der Übersäuerung

GUT ZU WISSEN

Wie Basenfasten entstand

Basenfasten ist eine Umdenkwoche, eine Auszeit, die unsere »normalen« Essgewohnheiten in Frage stellt und Ideen für neue Essgewohnheiten liefert. Basenfasten entstand aus dem klassischen Fasten – nach der Methode von Dr. Buchinger. Ich selbst bin Anhänger des Buchinger-Fastens und so begleiten mein Mann und ich seit vielen Jahren Fastengruppen. Doch immer wieder waren wir dabei enttäuscht darüber, dass die meisten Menschen es nicht schafften, ihre Ernährung nach einer Woche Fasten umzustellen. Aber genau darauf kommt es an! Wenn Sie es nicht schaffen, Ihre Ernährung nach dem Fasten umzustellen, dann wird der Effekt einer einwöchigen Kur sehr fraglich. Dabei kommt es nicht darauf an, dass Sie »auf alles verzichten müssen, was das Leben lebenswert macht«, wie ich immer wieder zu hören bekomme. Vielmehr kommt es darauf an, dass man einen roten Faden für gesunde und ausgewogene Ernährung hat, an dem man sich orientieren kann.

Die meisten Menschen stehen jedoch nach einer Woche Fasten ratlos da und fragen sich, was sie denn nun essen sollen, um den Gesundheits- und Gewichtseffekt zu erhalten. Natürlich haben sie in ihrem Kurs gehört, dass man sich hinterher gesünder ernähren soll, weniger Fleisch,

weniger Süßigkeiten und so fort. Doch wie man das im Alltag praktisch umsetzt – dazu bedarf es Übung und praktischer Anleitung. Denn mir fiel ein Phänomen auf, das häufig beim Fasten vorkommt: Beim Fasten wird das Thema »Essen« einfach aus dem Bewusstsein gestrichen, als würde man einen Schalter betätigen: Schalter aus – kein Essen, Schalter an – wieder essen. So ist Fasten für viele Menschen leicht – das Thema »Essen« ist einfach ausgeblendet. Wenn nun nach einer Woche der Schalter wieder umgelegt wird, dann wird einem erst das Problem bewusst: »Was esse ich von nun an?« Und mangels besserer Erfahrung ist man allzu schnell wieder bei den alten Gewohnheiten.

Deshalb haben wir eine Fastenart entwickelt, bei der das Thema »Essen« nicht ausgeklammert wird. Eine Woche Basenfasten ist eine Erlebniswoche, in der Sie sich intensiv mit Essen beschäftigen. Sie lernen neue Obst- und Gemüsesorten kennen, Sie lernen Kombinationen und Zubereitungen kennen, die Ihnen bislang ohne Fleisch, Fisch, Sahne, Käse oder Wein nicht denkbar waren – und die schmecken auch noch lecker. Dadurch, dass während der Fastenwoche die »Umstellung« schon beginnt, gleiten Sie nach der Woche sanft in den neuen Essensalltag.

Säurebildner rauben Mineralien

Zuviel Säurebildner in der Ernährung muss der Körper mit Basen ausgleichen und dazu wichtige Basendepots anzapfen.

Dass ein ständiger Säureüberschuss in der Nahrung im Laufe der Jahre zu einem Mangel an Mineralien führen muss, ist, wenn man sich ein wenig in die biochemischen Grundlagen eindenkt, völlig logisch: Alles, was wir essen, wird, chemisch gesehen, zu Säuren oder zu Basen abgebaut. Es gibt schwache und starke Säuren bzw. Basen. Starke Säuren und starke Basen wirken ätzend und dürfen im Körper nicht frei vorkommen. Deshalb werden Sie im Körper unschädlich gemacht, indem Säuren an Basen gebunden werden, was zur Bildung von Salzen führt. Im Körper liegen Säuren und Basen deshalb immer als Salze vor. Die für die Eiweißverdauung im Magen wichtige Salzsäure liegt beispielsweise als neutrales Salz bereit und erst mit Beginn der Verdauung wird die Säure freigegeben.

An Basen gebundene Säuren haben im Körper auch wichtige Pufferfunktionen: So gibt es im Blut mehrere so genannte Puffer, wie den Bikarbonatpuffer und den Phosphatpuffer, deren Aufgabe es ist, den Säuregrad des Blutes stets konstant zu halten.

In kleinen Mengen ist die Zufuhr von Säuren aus der Nahrung kein Problem für den Organismus: Er kann vieles ausgleichen und auch Säuren werden bis zu einem gewissen Grad im Stoffwechsel benötigt. Wenn die Zufuhr von Säuren und Basen aus der Nahrung in einem gesunden Verhältnis stehen, dann kann der Körper einen ausgeglichenen Säure-Basen-Haushalt aufbauen bzw. erhalten.

Info

Ideale Ernährung für den Säure-Basen-Haushalt

- 80 % der Nahrung sollte basenbildend sein.
- 20 % der Nahrung sollte säurebildend sein.

Die Natur verfügt nun über ein ausgeklügeltes System: Wenn Sie dem Organismus beispielsweise mit dem Rohrzucker saure Kohlenhydrate liefert, mindern die basischen Mineralstoffe in der Hülle des Zuckerrohrs die Säurewirkung der Kohlenhydrate. Das ist ein Ausgleich. Ist aber die basische Hülle entfernt, wie beim weißen Zucker, werden die zum Ausgleich nötigen basischen

Stopp der Übersäuerung

Mineralien dem Körper entzogen. Das Prinzip ist dasselbe wie bei der Magensäure: Zu viel zugeführte Säuren werden vom Organismus unschädlich gemacht, indem sie an so genannte Basen gebunden werden.

Dasselbe geschieht natürlich mit allen Säurebildnern: Wenn Sie ständig Fleisch, Wurst, Käse, Süßigkeiten, Kaffee und/oder Softdrinks zu sich nehmen, dann verbrauchen Sie eine Menge »Pufferbasen« – mit anderen Worten Mineralstoffe. Und woher nimmt der Körper die Basen? Aus seinen Depots. Die Basendepots des Körpers sind die Knochen und die Bauchspeicheldrüse.

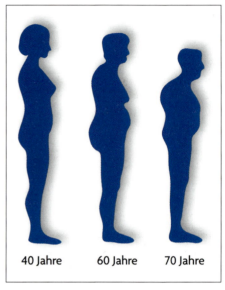

▲ Der »Witwenbuckel« entsteht, wenn den Knochen ständig Kalziumphosphat entzogen wird.

Basendepots des Körpers

- Die Knochen enthalten einen Großteil des körpereigenen Kalziumphosphats.
- Die Bauchspeicheldrüse produziert große Mengen an Bikarbonat.

Und hier liegt das Problem. Diese Basendepots sind von der Natur nicht dafür gedacht, unsere Säuresünden auszugleichen. Sie haben andere wichtige Funktionen im Organismus zu erfüllen. Lediglich in Notsituationen werden Phosphate und Carbonate als Blutpuffer herangezogen.

Das Kalziumphosphat in den Knochen ist eine der wichtigsten Stützsubstanzen und verantwortlich für die Härte des Knochens. Die Bikarbonate der Bauchspeicheldrüse machen den Bauchspeichel basisch, damit seine Enzyme ihre volle Wirkung entfalten können. Werden aber die Basen zum Abfangen von Säuren gebraucht, dann leiden diese Körperfunktionen darunter. Die langfristigen Folgen: Entkalkung der Knochen (Osteoporose) und Verdauungsstörungen.

- Wer sich ständig säureüberschüssig ernährt, schafft damit eine Notsitua-

Säurebildner rauben Mineralien

tion im Stoffwechsel, denn Säurebildner in der Nahrung entziehen dem Körper wertvolle Mineralien.

Osteoporose und Verdauungsstörungen also ein Problem der Übersäuerung? Ja, so ist es. Und: Übersäuerung führt offensichtlich zu einem ernährungsbedingten Defizit an Vitalstoffen. Dagegen ist ein Kraut gewachsen: Basenfasten und eine Ernährungsumstellung nach dem Basenfasten.

Basenfasten stoppt den Mineralienverschleiß

Basenfasten, also eine ausschließlich basenbildende Ernährungsweise für einen bestimmten Zeitraum, ist die einfachste und auch preiswerteste Methode, um dem Mineralstoffdefizit schnell und wirkungsvoll entgegenzutreten. Vom ersten Tag an wird die Plünderung der körpereigenen Basendepots gestoppt – und das ist einer der Gründe, warum Basenfasten so effektiv ist. Basenfasten macht außerdem mit dem Irrglauben Schluss, dass jemand, der sich eine Zeit lang nur von Obst und Gemüse ernährt, einen Nährstoffmangel erleiden muss. Denn: Basenbildner versorgen den Körper mit wertvollen Vitaminen, Mineralien und sekundären Pflanzenstoffen.

Ein ganz bedeutender Vorteil des Basenfastens ist also, dass Sie während einer Basenfastenwoche rundum mit Vitaminen, Mineralien und anderen Vitalstoffen versorgt sind – vorausgesetzt, Sie halten sich an die Wacker-Basenfastenregeln (siehe Seite 76 f.).

Pflanzliche Ernährung enthält zwar jede Menge Vitalstoffe, dennoch gibt es auch hier einiges zu beachten. Wenn Sie beispielsweise eine Woche lang nur Kartoffeln und sonst nichts essen, dann haben Sie zwar 100 % basisch gegessen, sich dabei aber sehr einseitig ernährt und sich deshalb nicht mit allen lebenswichtigen Nährstoffen versorgt. Wenn Sie die Basenfastenwoche dagegen abwechslungsreich gestalten und viele frische Kräuter und Sprossen verwenden, dann sind Sie optimal mit Vitalstoffen versorgt.

Was sind Vitalstoffe?

Vitalstoffe sind all die lebenswichtigen Stoffe (= Mineralien, Vitamine, Spurenelemente), die unser Stoffwechsel benötigt, um seine Aufgaben zu erfüllen, wie Ernährung, Speicherung, Stoffumbau, Hormonhaushalt und Entgiftung.

Stopp der Übersäuerung

Zur Ernährung benötigen wir natürlich nicht nur Vitalstoffe. Die wichtigen Bausteine der Ernährung sind bekanntermaßen Kohlenhydrate, Fette und Eiweiße. Dass man Kohlenhydrate und Fette meist eher zu viel als zu wenig zu sich nimmt, das wissen die Menschen und sind froh, wenn sie während einer Basenfastenwoche ein wenig »abspecken« können.

Da Basenfasten aber völlig frei von tierischen Produkten und damit auch von tierischem Eiweiß ist, plagen sich viele Menschen mit der Frage, woher sie denn ihr tägliches Eiweiß bekommen, wenn sie basenfasten. Die Antwort darauf ist ganz einfach: Eiweißmangel ist nicht wirklich ein Problem der westlichen Welt. Das Zuviel ist ein Problem. Die Praxis sieht ja so aus, dass Eiweiß und auch Fett in zu hohem Maße verzehrt werden: Im Schnitt die doppelte Menge des Tagesbedarfs! Bevor Sie in eine Eiweißmangelsituation kommen, müssen Sie sich wirklich sehr lange Zeit einseitig ernähren. Und in pflanzlicher Kost, vor allem in Sprossen und Nüssen, finden Sie ausreichende Mengen an Eiweiß.

◀ Schon eine Basenfastenwoche führt zu einer deutlichen Gewichtsreduktion.

Wissenswertes über Vitalstoffe

Neben Mineralien sind Vitamine, Ballaststoffe sowie sekundäre
Pflanzenstoffe lebenswichtig für Gesundheit und Vitalität.

Die Angst vor einer Unterversorgung mit Vitaminen und Mineralien greift um sich zu: In jedem Basenfastenkurs werde ich von Teilnehmern gefragt, ob sie denn durch die rein obst- und gemüsehaltige Kost zu wenig Vitalstoffe bekommen. Vor allem die Angst vor einem Kalziummangel ist groß. Die seit Jahren massiv betriebene Werbung zeigt Wirkung, denn der Glaube, nur Milchprodukte lieferten das wichtige Kalzium, hat sich tief eingeprägt. Wenn Sie sich aber die Tabelle anschauen, finden Sie schnell heraus, dass Gemüse, Samen und vor allem Kräuter sehr viel Kalzium und nebenbei auch andere Mineralstoffe und Vitamine enthalten.

Viele offizielle Tabellen nennen bei der Frage nach Kalzium in erster Linie Milchprodukte. Sesam, Mandeln und andere Kalziumgeber treten erst gar nicht auf. Obwohl der Milchproduktverzehr in den vergangenen Jahren gestiegen ist, erhöhte sich aber auch die Zahl der Osteoporosepatienten! Und nicht nur Frauen, auch Männer erkranken zunehmend daran. Dazu kommt, dass Frauen in afrikanischen Ländern, die keinerlei Milchprodukte zu sich nehmen, keine Osteoporose kennen.

Übrigens auch keine Hormonersatztherapie. Dafür sind sie viel in der frischen Luft und an der Sonne und essen ein Vielfaches mehr an Ballaststoffen, als wir das tun. Ist Milch also wirklich die alleinige Rettung vor Osteoporose? Das Thema wird zur Zeit heiß diskutiert.

Kalziumgehalt einiger Lebensmittel [jeweils 100 g]

Sesamsaat	783 mg
Brennnessel	713 mg
Mandeln	252 mg
Sojafleisch	250 mg
Gartenkresse	214 mg
Grünkohl	212 mg
getrocknete Feigen	190 mg
Petersilie	179 mg
Brunnenkresse	180 mg
Rukola	160 mg
Löwenzahn	137 mg
Schnittlauch	129 mg
Kichererbsen	124 mg
Kuhmilch	120 mg

Quelle: Deutsche Gesellschaft für
Ernährung

Stopp der Übersäuerung

Ein ganz anderer Denkansatz liefert die Betrachtung, dass es nicht nur auf den reinen Kalziumgehalt eines Nahrungsmittels ankommt, sondern vor allem darauf, in welcher Bindungsform das Kalzium in dem Lebensmittel vorliegt. Denn davon hängt es ab, wie gut der Körper das Kalzium aufnehmen kann. Das gilt natürlich auch für alle anderen Vitalstoffe. Bekannt ist diese Tatsache längst bei Eisen. Eisen wird, vor allem in Tablettenform, nur schlecht von der Darmschleimhaut aufgenommen und führt meist zu unangenehmen Nebenwirkungen wie Bauchschmerzen und Verstopfung.

▍ In natürlich gebundener Form, beispielsweise in pflanzlichen Lebensmitteln, wird Kalzium besser aufgenommen.

Vitamine

Vitamine sind lebenswichtige organische Verbindungen, die der menschliche Körper für viele Stoffwechselvorgänge benötigt, aber selbst nur in unzureichender Menge produzieren kann. Deshalb sind wir auf die Zufuhr von Vitaminen durch die tägliche Ernährung angewiesen.

▍ Die 13 lebenswichtigen Vitamine werden unterteilt in wasserlösliche und fettlösliche Vitamine.

Vitaminmangelerkrankungen sind in den Industrieländern eine Seltenheit geworden. Eine ungesunde Lebensweise, bestimmte Lebensumstände, beispielsweise eine Schwangerschaft, sowie Krankheiten können allerdings den Vitaminbedarf erhöhen.

Unter bestimmten Umständen kommt es im Stoffwechsel zur Bildung unvollständiger Moleküle, die sehr instabil sind und so genannten »oxidativen Stress« produzieren, das heißt sie reagieren im Körper mit anderen Stoffwechselprodukten, attackieren schützende Zellmembranen sowie lebensnotwendige Proteine und schädigen das Erbgut. Im Laufe des Lebens summieren sich diese Defekte und verursachen beispielweise Herz-Kreislauf-Erkrankungen, entzündliche Darmerkrankungen, Krebs und vorzeitige Alterung.

Ursachen für die Entstehung freier Radikale sind neben Zigaretten- und Alkoholkonsum Stress, Umweltgifte – auch aus der Nahrung, bestimmte Medikamente, Strahlen und übertriebenes Sonnenbaden. Ein besonders hoher Bedarf an Antioxidanzien besteht bei-

Wissenswertes über Vitalstoffe

Info

Wo sind viel Vitamin C und E enthalten?

- Vitamin C: Acerolakirsche, Hagebutte, Sanddorn, Guave, Schwarze Johannisbeere, Kohlgemüse (Grünkohl, Brokkoli, Rot- und Weißkohl, Sauerkraut), Paprika, Spinat, Kiwi, Erdbeere, Zitrusfrüchte (Zitrone, Orange, Grapefruit), Weizengras, Kresse
- Vitamin E: Öle wie Weizenkeimöl, Sonnenblumenöl, Walnussöl, Maiskeimöl, Distelöl, Sesamöl u.a., Leinsamen, Mandeln, Schwarzwurzeln

oxidativ, ebenso wie viele sekundäre Pflanzenstoffe (siehe Seite 27) wie Carotin (Karotte), Lycopin (Tomate) sowie Farbstoffe in Spinat, Salat, Orangen, Bohnen, Brokkoli, Paprika.

spielsweise bei Krebs und anderen Erkrankungen, die mit einer hohen körperlichen Oxidation einhergehen. Auch bei starken Rauchern erhöht sich der Vitamin-C-Bedarf um ein Vielfaches.

Antioxidanzien machen freie Radikale unschädlich

Wichtige Radikalfänger sind die Vitamine C und E. Sie sind so genannte Antioxidanzien, also Stoffe, die den Oxidationsprozessen im Körper entgegenwirken und die zellzerstörenden freien Radikale unschädlich machen. Auch beta-Carotin (Provitamin A – die Vorstufe von Vitamin A) sowie die Mineralstoffe Selen, Zink und Mangan, sowie Coenzym Q 10 wirken anti-

Folsäure

Die Folsäure hat wichtige Coenzymaufgaben bei der Zellneubildung und ist in Verbindung mit Vitamin B_{12} für die Bildung und Reifung der roten Blutkörperchen erforderlich. Durch Zerkleinern von Lebensmittel wird die in pflanzlicher Kost reichlich vorhandene Folsäure schnell zerstört, denn sie ist sehr instabil.

Info

Wo ist viel Folsäure drin?

In allen Kohlarten, wie Brokkoli und Grünkohl – in 100g Grünkohl finden sich 94% der empfohlenen Tagesmenge an Folsäure –, Sellerie, Rote Bete, Lauch, Spinat, grüne frische Erbsen, grüne Bohnen, Kirschen.

19

Stopp der Übersäuerung

Mineralstoffe

Mineralstoffe sind chemische Verbindungen, so genannte Salze, die wir in allen Organen, Geweben, Körperflüssigkeiten, in der Haut, im Bindegewebe, in den Knochen und im Nervengewebe finden. Für eine optimale Funktion dieser Strukturen spielt das Vorhandensein einer ausreichenden Menge an Mineralien eine entscheidende Rolle.

Mineralsalze sind Ausgangsstoffe für alle Stoffwechselfunktionen, und sie werden täglich für die Arbeit des Stoffwechsels in mehr oder weniger großer Menge verbraucht. Deshalb müssen wir sie täglich über die Nahrung zuführen.

Mengenelemente

Von den Mengenelementen Natrium, Kalium, Kalzium, Magnesium, Phosphor, Chlor und Schwefel benötigt unser Körper täglich mehr als 50 mg/kg Körpergewicht.

Natrium spielt eine wichtige Rolle im Säure-Basenhaushalt. Es findet sich überwiegend außerhalb der Zellen in der Zwischenzellflüssigkeit und reguliert zusammen mit Kalium die Druckverhältnisse in den Zellen. Natrium wird überwiegend in Form von Kochsalz (Natriumchlorat) aufgenommen, weshalb ein Natriummangel selten vorkommt. Sie sollten sogar eher darauf achten, nicht zu viel Natrium zu sich zu nehmen, denn die meisten Speisen, vor allem in Restaurants, sind zu salzig. Zu hoher Natriumkonsum ist für Menschen mit Bluthochdruck nicht ungefährlich. Erwiesenermaßen kann eine natriumarme Diät den Blutdruck senken. Mit »normaler« Kost nehmen wir häufig zuviel Natrium auf, die meisten basischen Lebensmittel sind jedoch natriumarm.

Kalium kommt vor allem im Zellinnern vor und reguliert zusammen mit Natrium die Druckverhältnisse in der Zelle. Es ist ebenfalls wichtig für den Säure-Basen-Haushalt und beeinflusst die Muskel- und Nervenerregung.

▪ Kalium liefern Bananen, Grünkohl, Brokkoli, Kartoffeln, Nüsse, Trockenobst, Spinat.

Kalzium ist das mit Abstand am häufigsten vorkommende Mineral im Körper: 1 kg haben wir im Körper, davon befinden sich 99 % in Knochen und Zähnen. Daneben wird Kalzium auch für die Blutgerinnung und andere Stoffwechselvorgänge benötigt. Erhöhter Bedarf besteht während des Wachstums sowie in der Schwangerschaft und Stillzeit.

20

Wissenswertes über Vitalstoffe ▶

Ein zu hoher Eiweißanteil in der Nahrung führt zu Kalziumverlusten, weshalb die so hoch gelobte Kalziumquelle Milch (tierisches Eiweiß) fragwürdig ist. Auch einige Medikamente, wie Abführmittel und Mittel gegen Magenübersäuerung, verschlechtern die Kalziumaufnahme. Vitamin D jedoch kann die Kalziumaufnahme verbessern.

■ Kalzium liefern Sesam, Rukola, Brennnessel, Löwenzahn, Kresse, Mandeln. In den frischen Sprossen von Rukola und Kresse ist der Kalziumgehalt noch höher.

Magnesium ist neben Kalzium ein wichtiger Knochenbestandteil: Etwa 60% des körpereigenen Magnesiums befindet sich in den Knochen. Außerdem ist es an vielen Enzymsystemen des Kohlenhydrat- und Proteinstoffwechsels beteiligt und wichtig für die Muskelkontraktion sowie für die Nervenreizbarkeit. Krämpfe und Gewichtsabnahme sind ein Hinweis auf Störungen des Magnesiumhaushaltes.

■ Magnesium liefern Portulak, Kürbiskerne, Sesam- und Leinsamen, Weizenkeimlinge, Sprossen.

Phosphor: 85% des Phosphors im Körper befinden sich gebunden als Kalziumphosphat in Knochen und Zähnen.

Phosphor ist Bestandteil von Lecithin – eine für Nerven- und Gehirntätigkeit wichtige Substanz. Auch für die Muskelarbeit ist Phosphor wichtig. Phosphor kommt in fast allen Lebensmitteln vor. Bei überwiegender Ernährung mit phosphatreichen Lebensmitteln wie Cola, Wurstwaren, Lebensmittelzusatzstoffen kann es zu Störungen des Kalziumstoffwechsels kommen. Wer sich zu phosphatreich ernährt, vermindert außerdem die Aufnahmefähigkeit für Mangan.

Chlor kommt im Körper zusammen mit Natrium vor. Es ist Bestandteil der Magensäure und damit wichtig für die Eiweißverdauung. Chlormangel kommt selten vor, da das meiste Chlor durch salzhaltige Speisen zugeführt wird und die meisten Menschen zu viel Salz verwenden. Auch hier ist eher auf eine eingeschränkte Chlorzufuhr – genauer auf eine eingeschränkte Kochsalzzufuhr zu achten.

Schwefel ist Bestandteil vieler Eiweiße, auch des Hormons Insulin. Schwefel ist beteiligt an der Bildung des Binde- und Stützgewebes und spielt eine wichtige Rolle bei der Entgiftung über die Leber.

■ Schwefel liefern Kresse, Brokkoli, Meerrettich, Grünkohl, frische Petersilie.

Stopp der Übersäuerung

Spurenelemente

Wie der Name schon sagt, sind diese Stoffe nur in Spuren im Körper vorhanden und auch nur in Spuren notwendig – unser Tagesbedarf beträgt unter 50 mg/kg Körpergewicht. Extragaben von Spurenelementen können zur Überdosierung mit entsprechenden Gesundheitsschädigungen führen. Spurenelemente aus einer vitalstoffreichen Kost sind mengenmäßig gut abgestimmt und werden auf diese Weise nicht überdosiert.

Eisen: Der größte Teil der 4–5 g Eisen im Körper eines Menschen befindet sich im roten Blutfarbstoff und im Muskelfarbstoff. Eisen hat eine lebenswichtige Funktion beim Sauerstofftransport. Eisenmangel äußert sich in Müdigkeit

---

Info

Wo ist viel Eisen drin?

Aprikosen, Brennnessel*, Brunnenkresse, Gartenkresse, getrocknete Pilze*, grüne Bohnen, Kichererbsen, Kürbis, Kürbiskerne*, Leinsamen, Petersilie** (25 g Petersilie decken den Tagesbedarf!), Pfifferlinge, Pfirsich, Sauerampfer, Sesam* (100 g decken den Tagesbedarf), Sonnenblumenkerne, Steinpilze, Thymian*, Trüffel, Zuckerschoten. Vitamin C verbessert die Eisenaufnahme.

* hoher Gehalt, ** sehr hoher Gehalt

---

und Antriebslosigkeit. Erhöhter Bedarf besteht bei Schwangerschaft, bei starken Blutungen, auch bei starken Regelblutungen, und bei schweren, auszehrenden Erkrankungen wie Krebs.

Eisenmangel kann ein Hinweis auf eine innere Blutung sein. Auch chronisch entzündliche Darmerkrankungen gehen aufgrund einer Verwertungsstörung häufig mit Eisenmangel einher.

Auf der Liste können Sie sehen, dass pflanzliche Kost sehr eisenhaltig ist – es geht also auch ohne Fleisch. Übrigens: Pilze aus Konserven enthalten deutlich weniger Eisen. Dass Sie Spinat auf der Liste nicht finden hat den einfachen Grund, dass Spinat unter den pflanzlichen Lebensmitteln längst nicht den höchsten Eisengehalt aufweist – Kürbiskerne, Sesam und Thymian enthalten 2- bis 3-mal so viel Eisen wie die vergleichbare Menge an Spinat. Auch der dem Spinat verwandte Mangold enthält nicht so viel Eisen. Dazu kommt, dass die im Spinat enthaltenen Oxalsäuresalze die Aufnahme des Eisens behindern.

Zink – 2 g finden sich im Körper – ist ein wichtiger Bestandteil in über 200 Enzymsystemen, vor allem in solchen, die das Immunsystem beeinflussen. Zink ist aber auch wichtig für die Insulinspeicherung, für den Eiweißstoffwechsel und fördert die Wund-

Wissenswertes über Vitalstoffe

◀ Frische Kräuter sind reich an Mineralien, Vitaminen und anderen Vitalstoffen.

heilung. Es wirkt stoffwechselanregend und immunstärkend, was viele Menschen zu ständiger Einnahme von Zinkpräparaten verleitet. Allerdings wird durch Überdosierung von Zink das Immunsystem geschädigt, weshalb man die Notwendigkeit einer Zinkeinnahme mit seinem Therapeuten besprechen sollte.

■ Zink liefern Kürbiskerne, Mohn- und Sesamsamen.

Mangan ist Bestandteil vieler Enzyme und beeinflusst die Knorpelbildung und den Fett- und Eiweißstoffwechsel. Es unterstützt die körpereigene Entgiftung und stärkt das Immunsystem. Man vermutet, dass es den Cholesterinspiegel positiv beeinflusst.

■ Mangan liefern Sesamsamen, Pfifferlinge, Petersilie, Dill, Mandeln, Mohnsamen, Rote Beete, Brombeeren, Heidelbeeren, Kopfsalat, Spinat.

Selen ist Bestandteil vieler Enzyme, die zu einem großen Teil antioxidativ wirken. Diese Zellschutzwirkung ist seit Jahrzehnten bekannt, was Selen als Medikament zu einem wichtigen Bestandteil der Tumorbegleittherapie

23

gemacht hat. Wie bei allen Spurenelementen wirkt eine Überdosierung giftig, weshalb Seleneinnahmen stets mit dem Arzt oder Heilpraktiker abgesprochen werden sollten. Selenmangel an sich ist selten.

- Selen liefern Weizensprossen, Weizengrassaft.

Silizium hält mit 1 g Gesamtmenge im Körper Haut, Bindegewebe und Blutgefäße elastisch, weshalb es auch in der Biochemie nach Dr. Schüßler als Schönheits- und Anti-Aging-Mittel eingesetzt wird. Es verbessert den Kalziumstoffwechsel und versorgt so Zähne und Knochen. Außerdem verbessert es die körpereigene Abwehr.

- Silizium liefern Getreidesprossen, Petersilie, Lauch, grüne Bohnen, Bananen; Schachtelhalm (als Tee).

Kupfer ist Bestandteil vieler Enzyme, die an Immunreaktionen und antioxidativen Prozessen beteiligt sind. Kupfer unterstützt den Eisenstoffwechsel und die Bildung roter Blutkörperchen. Die meisten eisenhaltigen Lebensmittel enthalten auch Kupfer.

- Kupfer liefern Sesamsamen, Sonnenblumenkerne, Zuckererbsen, Kichererbsen, Schwarzwurzel, Zitronen, die meisten Pilzsorten.

▲ Sprossen passen zu jedem basischen Gericht.

Jod: Der größte Jodanteil findet sich bekanntermaßen in der Schilddrüse, in den Schilddrüsenhormonen. Hier wird vor allem der Grundumsatz, aber auch das Zellwachstum und die Zellteilung reguliert. Jodmangel kann zur Kropfbildung führen, weshalb man gerne zu jodiertem Speisesalz rät.

- Jod liefern Brokkoli, Feldsalat, Trüffel und andere Pilze.

Fluor: Fast alles im Körper vorkommende Fluor befindet sich in Zähnen und Knochen. Fluor härtet die Knochen, schützt den Zahnschmelz, wirkt gegen Karies und hemmt das Wachstum der Mundbakterien. Diese Vorteile verleiten zu den Diskussionen um eine allgemeine Fluorierung des Trinkwassers. Fluor ist aber auch ein Gift, das chemisch

Wissenswertes über Vitalstoffe

gesehen, sehr aggressiv reagiert und sowohl Knochenaufbau als auch Nieren schädigen kann. Wie gesagt – Spurenelemente sind in größeren Mengen giftig! Eine zuckerarme Vollwertkost schützt ebenso vor Karies.

- Fluor liefern Feldsalat, frische Walnüsse, Blattspinat.

Molybdän aktiviert eine Reihe von Enzymen und kurbelt damit den Stoffwechsel an. In basischer Kost ist der Molybdängehalt besonders hoch, wenn der Boden biologisch-dynamisch bearbeitet wurde.

- Molybdän liefern Weizen- und andere Getreidekeimlinge, grüne Bohnen, frische Erbsen.

Chrom ist in die Schlagzeilen geraten, als bekannt wurde, dass es die Insulinwirkung verbessert und damit den Blutzucker günstig beeinflussen kann. Auch der Fettstoffwechsel wird durch Chrom verbessert. Generell ist industriell gefertigte Kost besonders chromarm.

- Chrom liefern Kartoffeln.

Nickel ist in allen Organen in kleinsten Spuren zu finden. Es verstärkt die Wirkung zahlreicher Hormone, auch solcher, die den Blutdruck beeinflussen. Ein Nickelmangel ist bislang nicht bekannt.

- Nickel liefern Petersilie sowie einige Nüsse.

Kobalt ist ein zentraler Baustein von Vitamin B_{12}, auch Cobalamin genannt. Zusammen mit Folsäure ist dieses Vitamin an der Bildung roter Blutkörperchen beteiligt.

- Kobalt liefern Weißkohl, Kohlrabi, Brokkoli, Rotkohl, Pfifferlinge, Kartoffeln, Spinat, Kopfsalat, Aprikosen, Birnen, Kirschen, frische Walnüsse.

Vanadium findet sich in vielen Enzymen und ist wichtig für Knochen und Zähne. Es kommt in allen Pflanzenölen vor, die reich an ungesättigten Fettsäuren sind.

- Vanadium liefern Olivenöl, Sonnenblumenöl, Rapsöl.

▲ Öle spenden viel wertvolle Fettsäuren, Vitamin E und Vanadium.

Ballaststoffe

Als Ballaststoffe bezeichnet man die Pflanzenbestandteile, die nicht verdaut werden können. Sie bestehen aus solchen Kohlenhydraten, die der Organismus nicht zerkleinern kann. Dazu gehö-

Zivilisationskost ist extrem ballaststoffarm. Weißmehl, Weißmehlprodukte und geschälter Reis enthalten sehr wenig Ballaststoffe, da diese sich meist in der Schale der Samen und Getreidekörner befinden. Generell kann man sagen, dass pflanzliche Kost, auch Vollkorngetreide, sehr ballaststoffreich ist.

■ Alle Basenfastenrezepte enthalten sehr viele Ballaststoffe.

Wie neuere Studien belegen, verbessern Ballaststoffe nicht nur die Verdauungsleistung, sondern schützen vor Krebs, vor allem vor Darmkrebs, erhöhten Cholesterinwerten und Herzinfarkt, und senken das Risiko, an Diabetes Typ 2 zu erkranken.

▲ Nüsse, Mandeln und Samen liefern reichlich Ballaststoffe.

ren Zellulose, Pektin und Lignin. Sie können sehr viel Wasser an sich binden und vermehren dadurch das Stuhlvolumen. Bei ihrer Passage durch den Darm machen sie den Stuhl weicher, regen die Darmtätigkeit an, nehmen schädigende Substanzen, teilweise auch Cholesterin, huckepack und befördern sie nach draußen.

Wo sind viele Ballaststoffe drin?

Mandeln, Erdmandeln (Chufas Nüssli), Sesamsamen, Sonnenblumenkerne, Kürbiskerne, Leinsamen, Flohsamen, Äpfel, Bananen, Birnen, getrocknete Aprikosen, Sultaninen, Blumenkohl, frische Erbsen, Kartoffeln, frische Keimlinge.

Wissenswertes über Vitalstoffe ▶

Bioaktive Stoffe – sekundäre Pflanzenstoffe

Diese Gruppe von Nährstoffen wurde erst in den letzte Jahrzehnten vermehrt erforscht und ist – meines Erachtens – noch nicht vollständig erfasst. Schon in den 70er-Jahren habe ich in anthroposophischen Gartenbüchern von diesen Stoffen gelesen, allerdings wusste man damals noch nicht, welche Bedeutung für die Gesundheit diese Farbstoffe, Saponine und andere Inhaltsstoffe haben. Man vermutete damals nur, dass die Verwertung von Vitaminen und Mineralstoffen aus pflanzlicher Kost durch das Vorhandensein solcher »Nebenstoffe« verbessert wird.

Heute weiß man, dass diese Stoffe ihre eigene Wirkung auf den menschlichen Stoffwechsel haben. Leider hat diese Erkenntnis nicht zu der Empfehlung geführt, einfach mehr Obst und Gemüse zu essen. Die Konsequenz ist vielmehr, dass der Markt inzwischen überschwemmt wird mit Nährstoffprodukten, die neben Vitaminen und Mineralstoffen nun auch mit sekundären Pflanzenstoffen angereichert sind. Aber was bitte spricht dagegen, dass wir uns aus dem Riesenangebot an Nahrungsmitteln die vitalstoffhaltigen und gesunderhaltenden heraussuchen?

▪ Bioaktive Stoffe sind auch bekannt als sekundäre Pflanzenstoffe.

Der Name kommt daher, dass sie nicht für den Aufbau von Kohlenhydraten, Fetten und Eiweißen, also für den *primären* Stoffwechsel der Pflanze produziert werden, sondern für den *sekundären*: Sie schützen die Pflanze vor Insektenfraß, vor Bakterien und Pilzen, und mit ihren Farb- und Duftstoffen locken sie Bienen und Vögel an. Sie gehören vielen verschiedenen chemischen Gruppen an und kommen nur in geringen Mengen vor, die jedoch für die Wirkungen ausreichen. Man geht davon aus, dass es 60000 bis 100000 solcher Stoffe gibt – und nicht alle sind für den Menschen gesund. So gehört auch das giftige Solanin der Kartoffel dazu.

Viele dieser Substanzen wirken auch im menschlichen Organismus antibakteriell, antimykotisch (gegen Pilze), immunstimulierend und antioxidativ – die Tabelle auf Seite 28 bietet Ihnen einen Überblick.

Zahlreiche Studien belegen eindeutig, dass Menschen, die täglich viel pflanzliche Kost verzehren, seltener an Zivilisationskrankheiten erkranken.

Glucosinolate: Besonders die Glucosinolate sind in den vergangenen Monaten ins Rampenlicht gerückt. Diese schwefelhaltigen Verbindungen kommen vor allem in Kohlgemüsen wie

27

Stopp der Übersäuerung

Die wichtigsten sekundären Pflanzenstoffe

Stoffgruppe	Besonders häufig in
Carotinoide	rote und gelbe Obst- und Gemüsearten
Beta-Carotin	Karotte, Spinat, Grünkohl, Aprikose, Kürbis
Alpha-Carotin	Karotte, Kürbis
Lykopin	Tomate, Guave, Wassermelone, rote Grapefruit
Lutein	Grünkohl, Spinat
Phytosterine	Sesam, Sonnenblumenkerne, natives Sojaöl
Saponine	Kichererbse, Sojabohne, grüne Bohne
Polyphenole	
Phenolsäuren	Grünkohl, Weizenvollkorn, Radieschen, Weißkohl, Kaffee
Ellagsäure	Walnuss, Pekannuss, Brombeere, Himbeere
Flavonoide	gelbe, rote, blaue Obst- und Gemüsearten, Tee
Quercetin	gelbe Zwiebel, Grünkohl, Quitte, Apfel
Anthozyane	schwarze Johannisbeere, Kirsche, Heidelbeere, Brombeere
Phytoöstrogene	tropische Hülsenfrüchte, Getreide
Genistein	Sojabohne, Miso, Tempeh, Tofu
Protease-Inhibitoren	Sojabohne, Weizen
Glukosinolate	Gartenkresse, Kohlrabi, Rosenkohl, Rotkohl, Brokkoli
Sulfide	Knoblauch, Zwiebel
Monoterpene	Orange, Weintraube, Aprikose, Kümmel

Brokkoli vor, aber auch in Senf, Rettich, Radieschen, Meerrettich und Kresse – also in Basenbildnern. Sie wirken entgiftend und sollen das Risiko für Krebserkrankungen senken. Die entgiftende Wirkung schwefelhaltiger Verbindungen ist in der Naturheilkunde schon immer bekannt – werden doch Sulfur (= Schwefel) in der Homöopathie,

Kaliumsulfat und Natriumsulfat als Schüßler-Salz zur Entgiftung eingesetzt (Sulfat ist ein schwefelhaltiges Salz). Bekannt ist auch schon länger, dass sich der Gehalt an Glucosinolaten in den frisch gekeimten Samen sehr erhöht. Deshalb: Brokkolisprossen, Rettichsprossen, Kresse zur Entgiftung!

Polyphenole: Auch die Polyphenole stellen als Antioxidanzien (fangen freie Radikale) einen wichtigen Gesundheitsschutz dar. Viele Farbstoffe wie die Flavonoide (gelbe Farbstoffe) und die Anthocyane (blaue Farbstoffe – auch OPC genannt) gehören zu dieser Gruppe. Die Schutzwirkung der OPC gegen freie Radikale soll 20-mal höher sein als die des Vitamin C! OPC sind in allen Beeren, Früchten und Gemüsen enthalten, die rot, blau oder schwarz sind – auch in den roten Weintrauben, weshalb man dem Rotwein immer wieder eine Gesundheitswirkung zuschreibt. Es ist folglich nicht der Alkohol im Wein, sondern der Gehalt an blauen Farbstoffen, der den Rotwein zu einem Heilmittel macht – in geringen Mengen versteht sich. Heidelbeeren zum Frühstück erfüllen übrigens denselben Zweck – ohne die Gefahr der Alkoholwirkung.

▼ Wirkungen der bioaktiven Pflanzenstoffe im Körper.

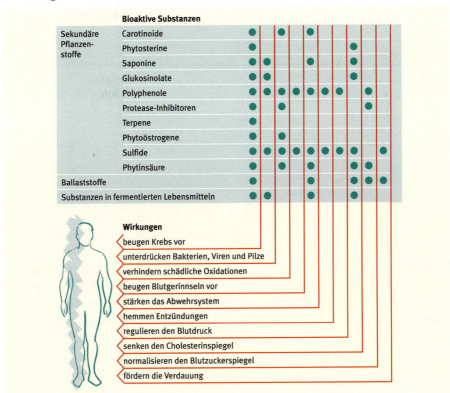

Stopp der Übersäuerung

Vitalstoffe – alle drin beim Basenfasten!

Pflanzliche Nahrungsmittel liefern wertvolle Vitalstoffe – günstige Anbauweise, richtige Lagerung und Zubereitung sind Voraussetzung.

Sie haben gesehen, pflanzliche Kost enthält eine Menge Vitalstoffe und alles, was der Organismus zur Gesundheit benötigt. Leider enthält die heutige »normale« Kost wenig frisches Obst und Gemüse – und ein Weißmehlbrötchen mit Käse oder Schinken ist nun einmal nicht so vitalstoffreich wie ein frischer Salat mit Sprossen. Wenn Sie sich nun ständig von Säurebildnern ernähren, dann sind Sie vielleicht überernährt und übergewichtig, haben aber trotzdem einen Mangel an Vitalstoffen. Ich nenne das: Vor vollen Tellern verhungern.

Die meisten Nahrungsmittel sind heutzutage chemisch verändert: Zubereitet, konserviert und »raffiniert«. Das bedeutet beispielsweise bei Zucker nichts anderes, als dass die wertvollen basischen Mineralstoffe, die im Zuckerrohr durchaus enthalten sind, durch Chemikalien entzogen werden. So bleiben bei raffiniertem Zucker alleine die säurebildenden Kohlenhydrate zurück.

■ Die Raffinade ist ein chemischer Prozess, bei der unter anderem auch Schwefelsäure verwendet wird.

Bei Weißmehl ist das nicht anders. In den Hüllen des Weizenkorns sind die B-Vitamine, die basischen Mineralien und Ballaststoffe – bei Weißmehl nicht mehr. Auch Nudeln und Pizzateig sind Weißmehlprodukte – sie enthalten somit weniger Nährwert.

Chemisch veränderte Lebensmittel sind nicht vollwertig. Vielleicht »merkt« unser Organismus, dass wir nicht vollwertig essen, spürt das Vitalstoffdefizit und verlangt deshalb nach immer mehr Nahrung, obwohl wir vom Kaloriengehalt her genügend gegessen haben? Vielleicht gibt es deshalb so viele dicke Menschen, weil die Nahrung nicht vollwertig ist? Mir jedenfalls geht es so, dass ich nach einem frischen Salat mit Sprossen und Kräutern ein angenehmeres Sättigungsgefühl habe als nach Dosengemüse, das vielleicht rein rechnerisch denselben Kaloriengehalt hat.

Vitalstoffe – alle drin beim Basenfasten!

Moderne Nahrungsmittel und ihr Vitalstoffgehalt

Unsere Lebensmittel enthalten durch den konventionellen Anbau mit Monokultur und Bodenauslaugung immer weniger Vitalstoffe. Statistiken belegen, dass der Vitalstoffgehalt in den letzten Jahren um bis zu 30% zurückgegangen ist. Unökologische Geschäftspraktiken mindern folglich die Lebensmittelqualität.

▪ Bio ist besser! Besonders vitalstoffreich ist Gemüse aus biologisch-dynamischem Anbau.

An dieser Stelle schlagen clevere Geschäftemacher zu: Dem Vitalstoffmangel kann doch durch das Einwerfen von Tabletten – so genannten Nahrungsergänzungsmitteln – leicht abgeholfen werden …?! Ist aber nicht eher ein Umdenken im Anbau von pflanzlichen Lebensmitteln angebracht? Vergleichszahlen belegen es: Der Vitalstoffgehalt bei biologisch-dynamischem Anbau ist höher: Das können Sie schmecken und riechen! Die so wertvollen und leider empfindlichen sekundären Pflanzenstoffe liegen in biologisch angebauten Pflanzen in höheren Konzentrationen vor.

▲ Fastfood enthält null Vitalstoffe!

Vitalstoffschonende Zubereitung und Lagerung

Eines ist sicher: Nahrungsmittel enthalten die meisten Vitalstoffe, wenn sie so wenig wie möglich verarbeitet werden – eigentlich dürfte man also Obst und Gemüse beim Basenfasten nur roh verzehren. Die Erfahrung zeigt aber, dass viele Menschen einen geschwächten oder empfindlichen Darm haben und deshalb Rohkost nicht oder nur schlecht vertragen. Da wird es notwendig, die Lebensmittel zu erhitzen. Auch Menschen, deren Nierenmeridian geschwächt ist – Symptome sind kalte Hände und kalte Füße – fühlen sich nach einer dampfenden Suppe gestärkter als nach einer kalten Möhre. Abgesehen davon schmecken viele gekochte Gemüsegerichte einfach sehr lecker.

Stopp der Übersäuerung

Das mindert den Vitalstoffgehalt

- Konventioneller Anbau von Obst und Gemüse (Monokultur)
- Industrielle Verarbeitung von Lebensmitteln
- Braten, Kochen, Garen, auch tiefkühlen bis zu einem gewissen Grad
- Unsachgemäße Lagerung

Der Nachteil des Erhitzens ist jedoch ein mehr oder weniger stark ausgeprägter Vitalstoffverlust. Es kommt ganz darauf an, wie stark Sie ein Lebensmittel erhitzen. Braten und langes Kochen, bis das Gemüse weich und matschig ist, sind die sichersten Vitalstoffkiller. Die Verluste reichen laut DGE bis zu 45%.

Es kommt auch darauf an, ob Sie Gemüse ganz garen oder ob Sie es vor dem Garen klein schneiden. Je kleiner das Gemüse geschnitten ist, umso höher ist der Vitalstoffverlust. Auch die Zugabe von Salz führt zu einem höheren Verlust von Mineralien.

Dampfgaren im Gemüsedämpfer

Die schonendste Art, Gemüse zu erhitzen, ist das Dampfgaren im Gemüsedämpfer. Der Gemüsedämpfer ist kein Schnellkochtopf, denn er arbeitet ohne Druck. Beim Gemüsedämpfer handelt es sich um ein Topf-im-Topf-System, bei dem der innere Topf eigentlich ein Sieb ist. Der Boden des äußeren Topfes wird mit der je nach Topfgröße angegebenen Menge Wasser gefüllt. Das Gemüse wird in den inneren Topf, das Sieb, gegeben. Wenn durch das Erhitzen das Wasser zu kochen beginnt, steigt der Wasserdampf nach oben und gart das Gemüse auf sehr schonende Weise.

Rohkost enthält zwar alle ▶ Vitalstoffe, aber nicht jeder verträgt sie.

Vitalstoffe – alle drin beim Basenfasten!

Wenn Sie Gemüse im Wasser kochen und dazu noch Gewürze geben, dann werden die Mineralien aus dem Gemüse ausgeschwemmt und befinden sich am Ende im Kochwasser, das meist weggeschüttet wird, und das Gemüse schmeckt fad, sodass es kräftig nachgewürzt werden muss. Mit dem Gemüsedämpfer dagegen erhalten Sie sich die natürlichen Vitalstoffe weitgehend. Und: Es geht genauso schnell wie andere Garmethoden. In wenigen Minuten ist das Gemüse essfertig.

- Vitalstoffe sind Geschmackgeber – besonders die Mineralien. Deshalb hat dampfgegartes Gemüse meist so viel Eigengeschmack, dass deutlich weniger Gewürze nötig sind.

Es gibt auch eine einfache und dabei sehr preisgünstige Alternative, wenn Sie sich keinen neuen Kochtopf zulegen

▲ Dampfgaren im Gemüsedämpfer schont die Vitalstoffe.

wollen: Der zusammenfaltbare Siebeinsatz, der für verschiedene Größen von normalen Kochtöpfen verwendbar ist. Das Saubermachen des faltbaren Einsatzes ist leider etwas umständlich – für mich ein Grund, den Gemüsedämpfer zu bevorzugen.

Die richtige Lagerung

Auch durch zu lange – 3 Tage und länger – und unsachgemäße Lagerung verlieren Nahrungsmittel schnell ihre Vitalstoffe. Besonders lichtempfindliche Substanzen wie Vitamin C gehen schnell verloren. Kaufen Sie daher Obst und Gemüse möglichst ganz frisch, dann sind Ihnen die Vitalstoffe sicher.

So halten Sie Vitalstoffverluste in Grenzen

- Schneiden Sie das Gemüse nicht zu klein
- Vermeiden Sie langes Wässern
- Erhitzen Sie Gemüse im Gemüsedämpfer oder dünsten Sie es nur kurz an
- Geben Sie Salz erst nach dem Erhitzen dazu

Stopp der Übersäuerung

Höherer Mineralstoffgehalt durch biologischen Anbau

Allen Unkenrufen zum Trotz: Bio ist besser! Der ökologische Raubbau macht natürlich auch vor Produkten aus biologischem Anbau nicht halt. Dennoch gibt es nachgewiesenermaßen einen großen Qualitätsunterschied zwischen Obst und Gemüse aus konventionellem und solchem aus biologischem Anbau.

Biologisch-dynamischer Anbau ist dabei die beste Anbauweise in Hinblick auf den Gehalt an Nährstoffen. Machen Sie den Geschmackstest und kaufen Sie eine Portion Feldsalat aus biologisch-dynamischem Anbau und eine Portion Feldsalat aus konventionellem Anbau (Supermarkt). Je mehr Mineralien der Salat enthält, umso kräftiger ist er im Geschmack. Insbesondere bei Salat, Äpfeln und Beerenobst ist der Unterschied deutlich zu schmecken.

Kürzlich habe ich eine vollreife biologische Flugananas gegessen: Paradiesisch gut! Zwar war auch der Preis paradiesisch – für das Geld hätte ich fast einmal ins Kino gehen können. Man muss eben Prioritäten setzen – und ab und zu leiste ich mir so eine »Kino-Ananas«.

▼ Gemüse aus Bio-Anbau enthält wesentlich mehr Vitalstoffe.

Vitalstoffe – alle drin beim Basenfasten! ▶

Frisch gepresste Säfte

Eine weitere Möglichkeit, Vitalstoffe frisch und direkt aufzunehmen, ist der frisch gepresste Saft. Ein frisch gepresster Saft am Morgen ist ein richti-

ger Muntermacher. Ich selbst trinke ihn jeden Morgen, unabhängig vom Basenfasten.

Aber Saft ist nicht gleich Saft. Es ist wichtig, ob der Saft wirklich frisch gepresst ist oder nicht, und mit welchem Entsafter er gepresst wurde. Ich verwende seit einiger Zeit den Greenstar-Entsafter und bin von der Saftqualität überzeugt. Auch der Champion ist ein hervorragender Entsafter. Im Gegensatz zu den herkömmlichen Zentrifugenentsaftern werden durch die geringe Wärmeentwicklung die empfindlichen Vitalstoffe

geschont. Das besondere Pressverfahren beim Greenstar schließt zudem die Vitalstoffe besser auf, sodass sie vom Körper besser aufgenommen werden können. Deutlich wird das am intensiveren Geschmack. Wenn Sie einmal auf einer Messe Gelegenheit haben, dies zu testen, tun Sie es. Ein guter Entsafter ist eine nicht eben preiswerte Anschaffung, ist aber auch nicht teurer als eine gute Espressomaschine, die ich mittlerweile in vielen Haushalten sehe. Besonders, wenn Sie Kinder haben, lohnt sich die Anschaffung eines guten Entsafters, denn Kinder lieben Säfte, und frisch gepresst sind sie eben gesünder.

▪ Wenn Sie zum Frühstück einen frisch gepressten Saft trinken, ist das wie eine Mahlzeit – kauen Sie den Saft, speicheln Sie ihn gut ein. So können die Vitamine und Mineralien besser aufgenommen werden.

Im folgenden Saisonkalender können Sie ablesen, welches Gemüse und welches Obst zu welcher Jahreszeit reif – und damit mineralstoffreich und basisch – zu haben ist.

35

Stopp der Übersäuerung

Saisonkalender für

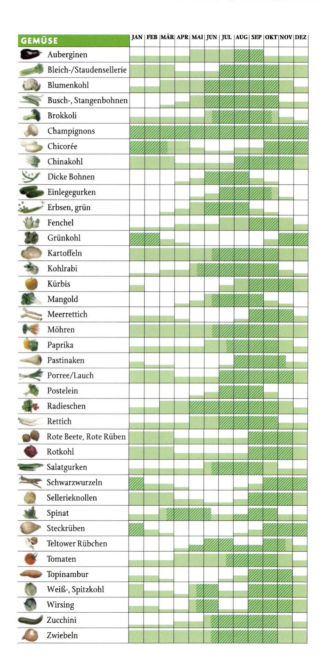

36

Obst und Gemüse

Vitalstoffe – alle drin beim Basenfasten!

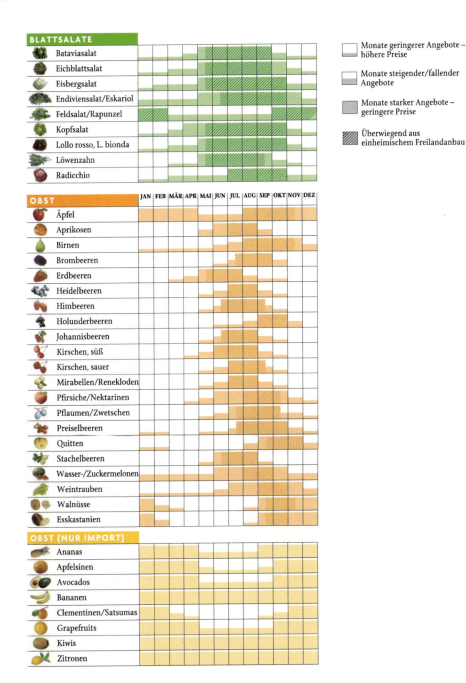

Stopp der Übersäuerung

Leiden Sie unter Vitalstoffmangel?

Neben Säurebildnern in der Ernährung und Stress können auch besondere Lebenssituationen zu Vitalstoffmangel führen.

Haben ein Jahrhundert Zivilisationskost unsere Vitalstoffdepots ausgeraubt? Frei nach dem Motto: vollgestopft und dick, aber unterversorgt? Interessanterweise ist die Angst vor Mangel gerade in den Ländern der Welt am größten, in denen es den Menschen *nicht* an Nahrungsmitteln mangelt. Und tatsächlich gibt es zunehmend Menschen, die einen Mangel beziehungsweise einen erhöhten Bedarf an Vitalstoffen aufweisen. Gründe dafür habe ich bereits auf Seite 30 f. genannt.

Info

Voraussetzungen für eine gute Vitalstoffversorgung

- Die Nährstoffe, die wir brauchen, müssen in der Nahrung auch enthalten sein.
- Diese Nährstoffe müssen in einem Zustand sein, in dem wir sie auch verwerten können.
- Unser Körper – vor allem unser Darm – muss in der Lage sein, die Nährstoffe aufzunehmen.
- Unser Körper muss diese Nährstoffe an die zuständigen Orte (Zellen, Organe, Gewebe) transportieren können.

Es gibt aber auch einen weiteren Grund, der zu einem Mangel an Vitalstoffen führen kann: die mangelhafte Aufnahmefähigkeit des Darms. So entpuppt sich, bei näherer Betrachtung, der Nährstoffmangel als ein Problem der richtigen Aufnahme und der richtigen Verteilung der Nährstoffe. Bereits vor etwa 130 Jahren war diese Erkenntnis für den Oldenburger Arzt Dr. Wilhelm Schüßler die Grundlage für die Entwicklung seiner Mineralsalztherapie.

Heute – 130 Jahre danach – ist seine Therapie so wichtig und aktuell wie nie. Warum? Um durch unsere Nahrung genügend mit Nährstoffen versorgt zu sein, müssen nämlich einige wichtige Voraussetzungen erfüllt sein.

Viele Menschen können jedoch vor allem die so lebenswichtigen Mineralien nicht mehr in genügender Menge aufnehmen. Warum? Dass die Überdüngung der Böden diese auslaugt und den Vitalstoffgehalt vermindert, habe ich bereits erwähnt, ebenso, dass »raffinierte« Nahrungsmittel weniger Vitalstoffe enthalten. Aber auch Genussgifte und Stress erhöhen den Vitalstoffbedarf enorm und können so bei gleichzeitig

Leiden Sie unter Vitalstoffmangel?

> **Achtung – Vitalstoffräuber!**
>
> - Stress und mangelnde Bewegung führen zur Übersäuerung und damit zu einer Unterversorgung mit Vitalstoffen.
> - Zucker in jeglicher Form produziert bei seiner Verstoffwechselung viele Säuren. Das Gleiche gilt natürlich auch für stark zuckerhaltige Getränke, wie Cola und Limonaden.
> - Durch Alkoholgenuss entstehen im Darm freie Radikale, die durch antioxidative Stoffe wie Vitamin C oder E nur bis zu einem gewissen Grad abgefangen werden können. Diese Radikalentwicklung ist einer der Gründe, weshalb auch zu hoher Alkoholkonsum an der Entstehung von Darmkrebs mitbeteiligt ist.
> - Wenn Sie Zigaretten rauchen, dann erhöht sich Ihr Bedarf an Vitamin C um ein Vielfaches. Das liegt daran, dass durch den Zigarettenrauch ebenfalls Oxidationsprozesse mit freien Radikalen entstehen.
>
> *GUT ZU WISSEN*

vitalstoffarmer Ernährung zu einem Mangel führen.

Darmwände, die durch Entzündungen oder aus anderen Gründen geschädigt sind, können ebenfalls nicht in genügendem Umfang Vitalstoffe aus der Nahrung oder aus Tabletten aufnehmen. Man spricht dann vom Syndrom des durchlässigen Darmes (leaky gut syndrome), das häufig im Zusammenhang mit chronischen Erkrankungen und Allergien auftritt.

Wenn man bedenkt, dass die Ursachen für diese Erkrankungen nun wieder in der Lebens- und Ernährungsweise, insbesondere in der chronischen Übersäuerung liegen, dann schließt sich hier der Kreis: Entsäuerung, angefangen mit Basenfasten, unterstützt von naturheilkundlichen Methoden wie der Biochemie nach Dr. Schüßler ist der erste Schritt aus diesem »Teufelskreis«.

▶ Gönnen Sie sich immer wieder eine kleine Entspannung zwischendurch.

Stopp der Übersäuerung

Lebenssituationen mit erhöhtem Vitalstoffbedarf

Von diesem wie auch immer verursachten Vitalstoffmangel sind nun Lebensphasen abzugrenzen, die naturgemäß mit einem erhöhten Vitalstoffbedarf einhergehen.

Schwangerschaft und Stillzeit
Frauen in der Schwangerschaft und während der Stillzeit benötigen wesentlich mehr Vitalstoffe, die, soweit möglich, mit einer vollwertigen Ernährung zugeführt werden sollten. Reicht das nicht aus, dann kann hier die Gabe von Vitaminen, Mineralien – insbesondere Eisen – sinnvoll sein. Doch selbst hier kann man durch potenzierte Mineralstoffpräparate – wie Schüßler-Salze dies sind – und über eine vitalstoffreiche Ernährung oft mehr erreichen als durch bloßes Einnehmen von Tabletten.

Krankheiten
Auch Menschen, die sich in einem fortgeschrittenen Stadium einer auszehrenden Krankheit befinden – insbesondere bei Krebs – haben in der Regel einen erhöhten Vitalstoffbedarf. Gerade bei einer Krebserkrankung ist der gesamte Stoffwechsel in Mitleidenschaft gezogen und die Nährstoffaufnahme dadurch vermindert. Durch die dauernden Abwehrprozesse des Körpers gegen die Krebszellen werden zudem vermehrt Vitalstoffe verbraucht. Hier ist eine vitalstoffreiche Ernährung alleine nicht mehr ausreichend, vor allem dann nicht, wenn die Krankheit bereits fortgeschritten ist.

◀ Während Schwangerschaft und Stillzeit besteht ein erhöhter Bedarf an Mineralstoffen.

Leiden Sie unter Vitalstoffmangel?

Auch bei allergischen Erkrankungen kann ein erhöhter Vitalstoffbedarf entstehen. Das bedeutet allerdings in diesem Fall nicht, dass es sich bei Allergien um eine schwere Erkrankung handelt. Es hängt damit zusammen, dass die Darmschleimhaut bei Allergikern meist so in ihrer Funktion beeinträchtigt ist, dass die Vitalstoffaufnahme aus der Nahrung behindert ist. Die Folge davon ist natürlich ein Vitalstoffmangel. Sobald sich die Darmschleimhaut durch entsprechende Behandlung und Weglassen von Allergen regeneriert, verbessert sich die Nährstoffaufnahme. Wenn Sie darüber mehr wissen möchten, finden Sie in meinem Buch: »Allergien: Endlich Hilfe durch Basenfasten« jede Menge Infos.

Mineralienversorgung über Mineralwässer?

Wasser ist eine für den Körper sehr wichtige Substanz – immerhin besteht der menschliche Körper zu 70 bis 80 % aus Wasser. Selbst im Zahnschmelz, der härtesten Substanz des Körpers, sind noch Wassermoleküle enthalten. Ohne Wasser kann ein Mensch nicht lange leben – ohne Essen schon. Die Qualität des Wassers spielt dabei eine wichtige Rolle.

Es gibt Untersuchungen, die belegen, dass Mineralien aus Mineralwasser vom Körper nicht oder nur unzureichend aufgenommen werden können. Man geht davon aus, dass die anorganischen Salze der Mineralwässer für den Stoffwechsel ungünstig aufbereitet sind.

Leitungswasser in Städten ist nicht für das Basenfasten geeignet – ganz davon abgesehen, dass es nicht schmeckt. Wenn Sie es nicht glauben, dann machen Sie den Wassertest: Trinken Sie Leitungswasser, danach ein gutes Quellwasser wie Lauretana. Der Unterschied ist schmeckbar und sichtbar: Wenn Sie einen Beutel Kräutertee einmal in Leitungswasser und einmal in Quellwasser ziehen lassen, dann werden Sie deutliche Farb-, Geruchs- und Geschmacksunterschiede feststellen.

Wasser beim Basenfasten und zur Entgiftung

Je weniger Mineralien ein Wasser enthält, umso besser kann es unbrauchbare Stoffwechselprodukte und andere Schadstoffe ausschwemmen. Daher sollten Sie während des Basenfastens pro Tag 2,5 bis 3 Liter reines Quellwasser trinken, z. B. Lauretana.

Mineralien auffüllen mit Tabletten?

Die Frage liegt nahe, ob man Mineralien und eventuell andere Nährstoffe in Form von Tabletten oder anderen Zubereitungen zu sich nehmen soll. Das birgt jedoch einen entscheidenden Denkfehler: Es ist keineswegs garantiert, dass die *isolierte* Einnahme einzelner Nährstoffe ausreicht, um seinen Nährstoffbedarf zu decken. Die Fachzeitschriften sind seit Jahren voll mit Meldungen, welche Substanz mit welcher zusammen gut oder schlecht aufgenommen wird. Zwei Beispiele: Zink verträgt sich nicht gut mit Selen, weshalb Zink am Morgen und Selen am Abend aufgenommen werden soll; oder: Phosphatreiche Kost verschlechtert die Eisenaufnahme. Und so weiter.

So werden uns ständig Nahrungsergänzungsmittel empfohlen, man wird mit Detailmeldungen überschüttet und vergisst dabei, dass man sich ausgewogen ernähren kann – denn die natürlichen Lebensmittel, insbesondere die pflanzlichen, enthalten die Nahrungsstoffe und Vitalstoffe meist in idealer Zusammensetzung.

Fest steht: Das Ganze ist mehr als die Summe seiner Teile. Kein Forscher ist heute in der Lage, das Gesamtgeschehen in unserem Organismus und auch das in der Natur wirklich zu überblicken. Wenn Sie deshalb Ihre Vitalstoffe aus der ganzen Pflanze über die Ernährung holen, dann sind Sie auch mit den bioaktiven Substanzen versorgt, die noch nicht erforscht sind. So viel zur Vorsorge für Gesunde. Doch es gibt Situationen, in denen eine Vitalstoffzufuhr durch Tabletten, Pulver oder Tropfen notwendig ist und Sinn macht.

Wann Vitalstoffe über Medikamente zuführen?

- Schwangerschaft
- Stillzeit
- Langjährige chronische Erkrankungen

Lassen Sie von Ihrem Arzt oder Heilpraktiker ermitteln, welche Vitalstoffe Sie in Extraportionen brauchen. Produkte aus biologisch-dynamischem Anbau haben aufgrund ihrer Anbauweise einen höheren Anteil an Nährstoffen – und nebenbei einen geringeren Pestizidanteil. Wenn man schon »Nährstoffkonzentrate« verwendet, dann sollten diese auch wirklich hochwertig sein. Ich kenne bislang nur sehr wenige Firmen, die den Großteil ihrer Rohstoffe aus biologischem Anbau beziehen. Es gibt eine Reihe von Rohstoffen für diese Nahrungsergänzungsmittel, die es weltweit nicht aus biologischem Anbau gibt.

Leiden Sie unter Vitalstoffmangel?

Wenn Sie im folgenden Fragebogen mehr als fünfmal Ihr Kreuz bei Ja abgegeben haben, weist Ihr Körper deutliche Hinweise auf einen Vitalstoffmangel auf. Eine Woche Basenfasten mit unterstützenden Schüßler-Salzen füllt Ihre Depots wieder auf und stabilisiert Ihre Gesundheit. Jedoch ist bereits bei einem Ja zu überlegen, ob Ihre Ernährung und/oder Ihre Lebensweise Ihnen zu viele Vitalstoffe raubt, was auf Dauer zu Lasten der Gesundheit geht. Bauen Sie einfach mehr Basenbildner in Ihre Ernährung ein, schränken Sie Genussgift ein und versuchen Sie, Stress abzubauen.

	Ja	Nein		Ja	Nein
Haben Sie mehr als zweimal im Jahr eine »Erkältung« oder einen sonstigen Infekt der Atemwege?	○	○	Haben Sie Osteoporose?	○	○
Leiden Sie unter Pickeln, Akne oder Hautunreinheiten?	○	○	Haben Sie mehr als dreimal in der Woche Verdauungsbeschwerden wie Blähungen, Völlegefühl, Durchfall, Verstopfung?	○	○
Haben Sie oft kalte Füße, auch wenn es gar nicht kalt ist?	○	○	Haben Sie mehr als einmal in der Woche Rücken- oder Gliederschmerzen?	○	○
Fühlen Sie sich häufig müde und abgeschlagen?	○	○	Sind Ihre Augenlider jeden Morgen verquollen?	○	○
Ist Ihre Haut blass?	○	○	Haben Sie öfters Wasseransammlungen an Händen und Füßen?	○	○
Haben Sie dunkle Schatten um die Augen?	○	○	Leiden Sie unter chronischen Entzündungen, beispielsweise des Zahnfleischs oder der Nasennebenhöhlen?	○	○
Sind Ihre Wangen zeitweise flammendrot?	○	○			
Haben Sie Cellulite?	○	○	Leiden Sie unter Kopfschmerzen oder Migräne?	○	○
Haben Sie Übergewicht?	○	○			

Mineralsalztherapie nach Dr. Schüßler

Die Einnahme von Mineralsalzen nach Dr. Schüßler ist eine echte Alternative zu Mineralstoffpräparaten zur Nahrungsergänzung. Warum? Weil diese Therapie den Mineralstoffhaushalt ausgleicht und so die optimale Verteilung der Mineralien im Organismus gewährleistet. Und nicht nur das: Auch die Aufnahme und Verteilung anderer Vitalstoffe – Vitamine und bioaktive Substanzen – wird verbessert.

Mineralsalztherapie nach Dr. Schüßler

Sanfte Regulierung mit Schüßler-Salzen

Schüßler-Salze helfen dem Körper, die Mineralien aus der Nahrung wieder richtig aufzunehmen.

Der Oldenburger Arzt Dr. med. Wilhelm Schüßler (1821–1898) entdeckte, angeregt durch Forscher wie Jacob Moleschott, die Bedeutung der Mineralsalze für alle lebenswichtigen Funktionen im menschlichen Organismus. Er selbst war damals als homöopathischer Arzt tätig und entwickelte aus diesem Wissen heraus ein unkompliziertes Therapieverfahren, das nur aus wenigen Medikamenten bestehen sollte und nicht – wie die Homöopathie – aus Hunderten.

Dr. Schüßler ging davon aus, dass Krankheiten dann entstehen, wenn der Mineralstoffhaushalt der Zellen gestört ist. Je nach Art der Störung entstehen – laut Schüßler – bestimmte Symptome und Krankheiten. So äußert sich die Fehlverteilung von Magnesium beispielsweise in Krämpfen, die in bestimmten Intervallen auftreten. Die Fehlverteilung von Natriumchlorid dagegen äußert sich in einem gestörten Wasserhaushalt: Man neigt zu Wasseransammlungen oder zu Wasserverlust, hat beispielsweise Fließschnupfen oder trockene Schleimhäute.

Schüßlers Therapie zielte darauf ab, die Mineralien im Körper durch Gabe bestimmter Mineralienzubereitungen wieder richtig zu verteilen. Und der Erfolg gibt ihm bis heute Recht: Durch die Gabe der passenden Mittel verschwinden die Krankheitssymptome oft in kürzester Zeit. Durch ein spezielles Herstellungsverfahren gelang es Dr. Schüßler, die Mineralien so aufzuschließen, dass sie gut vom Körper aufgenommen und verwertet werden können. Die Erfolge, die Dr. Schüßler damit erzielte, waren so groß, dass dieses Verfahren als »Mineralsalztherapie« oder »Biochemie nach Dr. Schüßler« in die Geschichte eingegangen ist. Seine

◀ Dr. Wilhlem Schüßler entwickelte die Mineralsalztherapie.

Sanfte Regulierung mit Schüßler-Salzen

Das führt zu Fehlverteilung von Vitalstoffen

- Fehlernährung (Junkfood, Säurebildner, raffinierte Lebensmittel, Nahrung aus überdüngten Böden und von überzüchteten Tieren)
- Gestörte Darmschleimhaut (bei Allergien und anderen Erkrankungen)
- Elektrosmog
- Stress
- Gifte wie Nikotin, Alkohol

Mineralsalze nannte er biochemische Funktionsmittel und Lebenssalze, weil sie die Funktionen des menschlichen Organismus verbessern, wenn Störungen oder Krankheiten aufgetreten sind.

Heute ist vieles, was Dr. Schüßler damals mit recht einfachen Mitteln herausfand, wissenschaftlich belegt – beispielsweise, dass Phosphor in allen Nervenzellen und Nervengeweben zu finden ist und für die Funktionsfähigkeit der Nervenzellen wichtig ist. Auch die immense Bedeutung der optimalen Mineralienversorgung ist heute hinreichend erwiesen. Das Besondere an Schüßlers Methode ist nun, dass er die körpereigenen Mineralsalze in kleinsten Mengen, in homöopathischen Zubereitungen, verabreichte und genau damit Erfolge erzielte.

Wie kann das gehen? Es weiß doch jeder, dass wir bestimmte Mengen an Mineralstoffen pro Tag benötigen. Nach Schüßler sind Körperzellen, wenn sie einem so genannten »pathogenen (krankmachenden) Reiz« ausgesetzt sind, nicht mehr in der Lage, die Mineralstoffe aus der Nahrung aufzunehmen, da die Mineralien dann die Zellmembran nicht mehr durchdringen können. Und genau hier liegt die Bedeutung seiner homöopathisch aufbereiteten Mineralsalze: Durch die geringe Molekülgröße sind die Schüßler-Salze in der Lage, diese Barriere zu durchdringen und können so in das Zellinnere gelangen. Auf diese Weise wird der unterbrochene Kontakt zwischen Zelle und umliegendem Gewebe wieder hergestellt, wodurch die Mineralsalze aus der Nahrung wieder aufgenommen werden können. Das ist besonders deshalb von Bedeutung, weil immer mehr Menschen unter einer gestörten Mineralienaufnahme leiden – siehe auch Seite 30 f.

Diese negativen Einflüsse auf unseren Stoffwechsel sind vermutlich das, was Schüßler als »pathogenen Reiz« bezeichnet hat. Er selbst hat sich nicht dazu geäußert, wie dieser pathogene Reiz aussieht. Doch wir wissen heute, dass die oben genannten Faktoren krank machen können – Fehlernährung gehörte sicher auch schon zu Schüßlers Zeiten dazu.

Mineralsalztherapie nach Dr. Schüßler

Wichtige Fragen zur Schüßler-Therapie

Wie findet man das richtige Mittel?

Aus den 12 Funktionsmitteln sucht man sich das Mineralsalz heraus, das am besten zu der Art der gesundheitlichen Störung passt. So kann man bei Schmerzen aller Art immer erst mal die Nr. 7 nehmen, bei beginnenden Infekten die Nr. 3, bei Sodbrennen die Nr. 9 usw. Je länger man sich mit den Mitteln beschäftigt, umso sicherer wird mit der Zeit das Gefühl, welches Salz zu dem jeweiligen Symptombild passt. Wer sich näher damit beschäftigen möchte, dem bietet die Antlitzdiagnostik eine Hilfestellung bei der Wahl des richtigen Mittels (siehe Literatur).

Kann man mehrere Funktionsmittel gleichzeitig einnehmen?

Manchmal deuten die Anzeichen klar auf ein einziges Mittel hin. Es kann aber auch sein, dass zwei oder drei Mittel in Frage kommen und Sie sich nicht entscheiden können. Es können ohne Weiteres zwei oder drei Mittel gleichzeitig gegeben werden.

Wie oft muss man die Mittel einnehmen?

- Im akuten Fall ist es empfehlenswert, alle 15 bis 30 Minuten (Kinder alle Stunde) 1 Tablette im Mund zergehen lassen.

Ausnahme ist das Mittel Nr. 7 – Magnesiumphosphat. Dies wird in akuten Fällen als »Heiße Sieben« genommen: 10 Tabletten (für Kinder 5) werden in einer Tasse frisch abgekochtem Wasser (Quellwasser) aufgelöst und in kleinen Schlückchen getrunken.

- In chronischen Fällen empfiehlt sich die Einnahme von 3-mal täglich 1–2 Tabletten.

Die Einnahme sollte generell vor den Mahlzeiten erfolgen.

Warum wirken Schüßler-Salze in solch niedrigen Dosierungen?

Dr. Schüßler legte Wert auf eine äußerst niedrige Dosierung. Er schrieb in seinem Werk »Eine abgekürzte Therapie«: »Ist eine Dosis zu klein, so führt die Wiederholung derselben zum Ziel. Ist eine Dosis zu groß, so wird die Wirkung gänzlich verfehlt.«

Dies als Kommentar zu den bisweilen kursierenden Meinungen, man müsste täglich 30 oder mehr Tabletten einnehmen, um rein rechnerisch auf die erforderlichen Mineralstoffmengen zu kommen. Das war nie im Sinne Schüßlers. Es kommt darauf an, zunächst mit einer kleinen Menge zu beginnen und die Reaktion abzuwarten. Wenn Sie eine Entgiftungskur begleitend zum Basenfasten durchführen möchten, dann können Sie unbedenklich zwei bis drei Wochen die empfohlenen Mineralsalze einnehmen. Danach ist allerdings meist eine mehrwöchige Pause sinnvoll.

48

Welche Potenzen sind die richtigen?

Für Anfänger empfiehlt sich die Einnahme der von Schüßler so genannten Regelpotenzen. Für die meisten Salze ist die Regelpotenz die D 6. Eine Ausnahme bilden die Salze Nr. 1 (Kalziumfluorid), Nr. 3 (Eisenphosphat) und Nr. 11 (Silicea), bei denen Dr. Schüßler D 12 als Regelpotenz empfohlen hat.

Die Regelpotenzen sind die Stärken, in denen die jeweiligen Salze meist am besten wirken – nach Dr. Schüßlers Erfahrung. Ihr Therapeut wird Ihnen eventuell eine andere Potenz verordnen, wenn sich diese für ihn als wirksamer erweist. Als Anfänger würde ich Ihnen jedenfalls raten, zunächst mit den Regelpotenzen zu beginnen, bis Sie die Salze und ihre verschiedenen Wirkungen in anderen Potenzen besser kennen gelernt haben.

Kann man Schüßler-Salze auch bei bestehenden Erkrankungen anwenden?

Grundsätzlich gilt: Behalten Sie Ihre Medikation bei! Setzen Sie keine Medikamente eigenmächtig ab, ohne mit Ihrem Arzt darüber zu sprechen. Dies gilt insbesondere für cortisonhaltige, herzwirksame und blutdrucksenkende Arzneimittel.

Die originalen Schüßler-Salz-Tabletten enthalten kleine Mengen an Milchzucker (Laktose). Bei Einnahme größerer Mengen an Tabletten kann es auch bei Gesunden zu kurzfristigen Durchfallreaktionen kommen. Das liegt an der abführenden Wirkung des Milchzuckers und ist nicht bedenklich.

- **Diabetes:** 48 Tabletten entsprechen etwa einer Broteinheit (BE).
- **Laktoseintoleranz:** Bei einer ausgeprägten Laktoseintoleranz kann es zu Blähungen und auch zu Durchfall kommen. In diesem Fall ist es ratsam, das Schüßler-Mineral als Kügelchen (Globuli) oder Tropfen zu nehmen, um den Darm nicht unnötig mit dem unverträglichen Milchzucker zu reizen.
- **Homöopathische Behandlung:** Wenn Sie sich in klassisch homöopathischer Behandlung befinden (= Behandlung mit einem individuell ausgesuchten Einzelmittel), sollten Sie mit Ihrem Homöopathen absprechen, ob sie parallel zur homöopathischen Behandlung Schüßler-Salze einnehmen können.

▼ Schüßler-Salze gibt es beispielsweise von der Deutschen Homöopathie Union.

Mineralsalztherapie nach Dr. Schüßler

Schüßler-Salze für Ihre Gesundheit

Die biochemischen Funktionsmittel Nr. 1 bis 12 sowie 12 »Ergänzungsmittel« sind Grundlage der Mineralsalztherapie.

Die Mineralsalztherapie ist ein überschaubares und einfaches Verfahren, das im Prinzip in jede Hausapotheke gehört. Sie können mit der Mineralsalztherapie nach Dr. Schüßler jede Befindensstörung und jede – vor allem akute – Erkrankung behandeln. Auch chronische Erkrankungen sind durch die Schüßler-Therapie behandelbar, setzen aber eine intensive Beschäftigung mit diesem Therapieverfahren voraus.

Jedes Salz hat seine spezielle Wirkung und es bedarf einiger Zeit, bis man das Wesen der 12 Salze erfasst hat. Im Zweifelsfall und besonders, wenn man mit den eigenen Versuchen nicht weitergekommen ist, sollte ein Arzt oder Heilpraktiker aufgesucht werden. Es gilt: Je länger Ihre Beschwerden schon bestehen, umso schwieriger gestaltet sich die Selbstbehandlung – und dies gilt nicht nur für die Behandlung mit Schüßler-Salzen. Natürlich gibt es Ausnahmen, und langwierige Beschwerden verschwinden bereits nach einer Woche Basenfasten und/oder Einnahme von Schüßler-Salzen.

Jedes der 12 biochemischen Funktionsmittel nach Dr. Schüßler hat ein bestimmtes Einsatzgebiet, das sich aus dem Vorkommen des Salzes im Organismus ableitet: Kalziumsalze wirken auf Knochen, Knorpel, Zähne und Gelenke, die Phosphorsalze gemäß des hohen Phosphorgehaltes der Nervengewebe auf die Nerven usw. Nach Schüßlers Tod haben Therapeuten noch 12 weitere Mineralsalze gefunden, die sie als »Ergänzungsmittel« bezeichneten – die biochemischen Funktionsmittel Nr. 13 bis 24.

Schüßler-Salze – schnell und unkompliziert

- Je nach Art der Gesundheitsstörung sind ein oder zwei bestimmte Mineralsalze nötig, um den Mineralstoffhaushalt wieder zu regenerieren.
- Bei akuten Erkrankungen stellt sich der Erfolg meist in wenigen Stunden oder Tagen ein.
- Bei chronischen Erkrankungen kann die Behandlung Wochen oder Monate in Anspruch nehmen – je nach Art der Störung.

Schüßler-Salze für Ihre Gesundheit

▲ Kalziumfluorid

Nr. 1 Calcium fluoratum – Kalziumfluorid

Kalziumfluorid wirkt als Stabilisator: Es ist das Salz für das Stütz- und Bindegewebe, für die Gelenke und die Haut.

Vorkommen im Körper: Kalziumfluorid kommt im Körper im Zahnschmelz, in den Knochen und den Zellen der obersten Zellschichten vor. Es spielt eine Rolle bei allen Verhornungsprozessen. Auch in den elastischen Geweben wie Sehnen und Bänder ist es zu finden.

Symptome: Ist der Fluorkalzium-Stoffwechsel gestört, kommt es zu Erschlaffung der elastischen Gewebe mit Einrissen. Auch die Zunge kann hart und rissig sein.

Verwendung: Bei allen Schwächezuständen im Bänder- und Sehnenbereich, auch bei Haltungsschäden und Organsenkungen, ist dieses Salz angezeigt. Auch bei starken Verhornungsprozessen, bei Schrunden, Schuppen und Rissen, bei harten Warzen und lockeren Zähnen ist es gut wirksam. Als Salbe kann Nr. 1 bei Schwangerschaftsstreifen und zur Narbenbehandlung eingesetzt werden.

Mineralsalztherapie nach Dr. Schüßler

▲ Kalziumphosphat

Nr. 2 Calcium phosphoricum – Kalziumphosphat

Kalziumphosphat ist das Knochensalz der Biochemie und hilft Knochen und Zähnen. Daneben fördert es die Regeneration.

Vorkommen im Körper: Kalziumphosphat ist das Salz, das am häufigsten im Körper vorkommt, vor allem in den Knochen, aber auch in allen Zellen.

Symptome: Wenn die Regenerationsfähigkeit gestört ist, kommt es zu Störungen der Erneuerungs- und Aufbauvorgänge. Die Zunge kann weiß und pelzig mit süßlichem Geschmack sein.

Verwendung: Bei Störungen der Zahn- und Knochenbildung und zur Regeneration von Knochenbrüchen findet dieses Salz Verwendung. Zur Osteoporoseprophylaxe wird es zusammen mit Nr. 9 (Natriumphosphat) eingesetzt. Als Salbe hilft Nr. 2 bei Hautjucken.

Schüßler-Salze für Ihre Gesundheit

Nr. 3 Ferrum phosphoricum – Eisenphosphat

Das Salz für das Immunsystem und das 1. Entzündungsstadium. Es ist ein wichtiges Notfall- und Akutmittel.

Vorkommen im Körper: In allen Zellen und als Bestandteil des roten Blutfarbstoffes.

Symptome: Die Zunge ist spiegelglatt und ohne Belag.

Verwendung: Bei beginnenden Entzündungen und Infekten sowie beginnendem Fieber. Bei Infektanfälligkeiten, Erschöpfungszuständen mit Blässe, Durchblutungsstörungen, nervöser Erschöpfung. Bei frischen Wunden,

▲ Eisenphosphat

Quetschungen, Verstauchungen und Verbrennungen (auch Sonnenbrand). Als Salbe kann Nr. 3 bei Verbrennungen, Prellungen und Quetschungen eingesetzt werden.

Beachten Sie bitte, dass besonders beim 2. und 3. Entzündungsstadium abgeklärt werden sollte, ob eine Herdbildung den Heilprozess hindert. Dies ist besonders dann der Fall, wenn nach mehrtägiger Einnahme der Salze Nr. 4 oder 6 keine deutlich spürbare Besserung der Symptome auftritt. Herde können sein: chronische Entzündungen an Zahnwurzeln, im Kiefer, in Zahntaschen, in Nasennebenhöhlen, im Darm, im Unterleib. Oft müssen solche Herde erst beseitigt werden, damit der Heilprozess in Gang kommen kann.

Drei Hauptmittel bei Entzündungen

In der Mineralsalztherapie spricht man von drei Entzündungsstadien, dem jeweils ein Schüßler-Salz zugeordnet ist:
- 1. Entzündungsstadium – beginnendes Stadium (Akutphase): Nr. 3 – Ferrum phosphoricum
- 2. Entzündungsstadium – das chronisch werdende Stadium: Nr. 4 – Kalium chloratum
- 3. Entzündungsstadium – das chronische Stadium: Nr. 6 – Kalium sulfuricum

Mineralsalztherapie nach Dr. Schüßler

Nr. 4 Kalium chloratum – Kaliumchlorid

Das Salz für die Drüsen, die Schleimhäute und das 2. Entzündungsstadium.

Vorkommen im Körper: Kalium kommt in allen Zellen vor, insbesondere in den roten Blutkörperchen. Macht die Schleimhäute widerstandsfähig gegen Entzündungen.

Symptome: Die Zunge ist weißgrau belegt.

Verwendung: Wenn Entzündungen chronisch werden, ist dieses Salz angezeigt. Auch bei allen Entzündungen und Krankheitsprozessen an den Schleimhäuten, wie chronischen Magenschleimhautentzündungen und Darmentzündungen, ist Kaliumchlorid hilfreich. Als Konstitutionskur für die Schleimhäute empfiehlt sich eine 6- bis 8-wöchige Einnahme von 3 × täglich 2 Tabletten.

Kaliumchlorid ist auch zur Nachbehandlung von Darm- und Scheidenpilzen geeignet, um die Schleimhäute zu regenerieren.

Als Salbe kann Nr. 4 bei Sehnenscheidenentzündungen und weichen Warzen an den Händen eingesetzt werden.

◀ Kaliumchlorid

Schüßler-Salze für Ihre Gesundheit

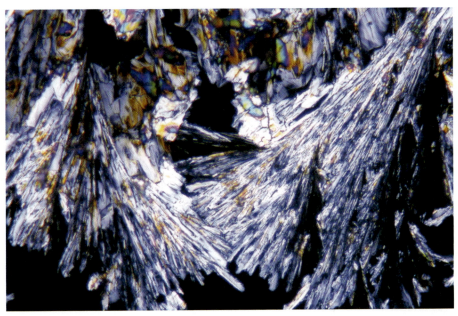

▲ Kaliumphosphat

Nr. 5 Kalium phosphoricum – Kaliumphosphat

Kaliumphosphat ist das Salz für Nerven und Psyche und hilft beim »Burn-out-Syndrom«.

Vorkommen im Körper: In den Zellen des Gehirns, der Nerven und der Muskeln, im Blut und in der Gewebsflüssigkeit.

Symptome: Die Zunge ist senffarben belegt mit fauligem Geschmack.

Verwendung: Bei körperlicher, seelischer und geistiger Erschöpfung ist dieses Salz hilfreich. Es ist ein Nährsalz bei Schlaflosigkeit, nervöser Unruhe, körperlichen Erschöpfungszuständen, Gedächtnisschwäche, Muskelschwäche (z. B. Blasenschwäche) und Lähmungsgefühl. Auch bei Depressionen ist Nr. 5 hilfreich. Bei Bandscheibenvorfall oder bei eingeklemmten Nerven ist die Kombination des Mineralsalzes Nr. 5 mit Nr. 7 schnell wirksam. Als Salbe wird Nr. 5 bei Muskelschwäche und übelriechenden Hautausschlägen verwendet.

Mineralsalztherapie nach Dr. Schüßler

Nr. 6 Kalium sulfuricum – Kaliumsulfat

Kaliumsufat ist das Salz für die Entgiftung und das 3. Entzündungsstadium. Es kommt bei fast allen chronischen Erkrankungen zum Zuge.

Vorkommen im Körper: In der Haut, den Nägeln und in den Schleimhäuten. Außerdem in den Knochen, den Muskeln und in der Leber.

Symptome: Die Zunge ist gelb bis gelbbraun belegt.

Verwendung: Kaliumsulfat hilft bei chronischer Erkältung, chronischen Nasennebenhöhlen-Entzündungen mit gelben, harten Absonderungen und allen Entzündungen, die nicht heilen wollen. Es unterstützt den Eiweißstoffwechsel des Körpers und hilft, den Eiweißüberschuss abzubauen, d. h. zu entgiften. Auch auf die Leber wirkt es entgiftend. Bei Verdauungsstörungen, auch bei Verstopfung, ist Kaliumsulfat ebenfalls hilfreich. Die Salbe Nr. 6 wird verwendet bei schlecht heilenden Wunden und eitrigen Hautausschlägen.

▼ Kaliumsulfat

Schüßler-Salze für Ihre Gesundheit

◀ Magnesium-
phosphat

Nr. 7 Magnesium phosphoricum – Magnesiumphosphat

Magensiumphosphat ist das Krampf- und Schmerzmittel der Biochemie. Wie Eisenphosphat ist es ein wichtiges Akutmittel.

Vorkommen im Körper: Im Skelett, in den Muskeln, Nerven, Gehirn, Knochenmark, in den roten Blutkörperchen, in der Leber und in der Schilddrüse.

Symptome: Ein sicheres Zeichen für die Notwendigkeit von Magnesiumphosphat ist das Auftreten einer unecht wirkenden Wangenröte – der so genannten »Magnesiaröte«. Ein weiteres wichtiges Zeichen ist das »Wandern« der Schmerzen: Wenn Zahnschmerzen oder Kopfschmerzen nicht gut lokalisierbar sind, mal hier mal da stärker sind, spricht Magnesium phosphoricum oft innerhalb von Minuten an. Die Zunge ist meist rein.

Verwendung: Bei Schmerzzuständen aller Art, vor allem bei krampfartigen Schmerzen. Bei Neigung zu Krämpfen. Bei Asthmaanfällen und Migräneattacken kann Magnesiumphosphat als »Heiße Sieben« sehr hilfreich sein. Auch bei Nieren- und Gallenkoliken ist die Nr. 7 angezeigt. Als Salbe kann Nr. 7 bei allen Schmerzen und bei Muskelverspannungen eingesetzt werden.

57

Mineralsalztherapie nach Dr. Schüßler

Nr. 8 Natrium chloratum – Natriumchlorid

Der Flüssigkeitsregulator: Natriumchlorid sorgt für die richtige Flüssigkeitsverteilung im Körper.

Vorkommen im Körper: Natriumchlorid ist Kochsalz, Meerwasser enthält bis zu 3% Natriumchlorid. Es kommt in allen Körperflüssigkeiten und Geweben vor und reguliert dort die Wasseraufnahme und Wasserabgabe an die Zellen.

Symptome: Die Zunge kann trocken oder feucht sein und weist eventuell klare Schleimstraßen auf. Salziger Geschmack im Mund.

Verwendung: Bei allen Störungen des Flüssigkeitshaushalts – sei es zu viel Wasser oder zu wenig! So hilft Natrium chloratum bei Wasseransammlungen wie Ödemen, auch bei wässrigem Schnupfen und tränenden Augen. Es ist aber auch bei Flüssigkeitsmangel angezeigt – etwa bei zu wenig Gelenkschmiere und dadurch bedingtem Knacken der Gelenke.

Bei Durchblutungsstörungen mit Kältegefühlen, kalten Händen und Füßen und zur Durchfeuchtung der Schleimhäute ist es sehr hilfreich. Auch bei Verstopfung oder Stuhlunregelmäßigkeiten.

Die Salbe Nr. 8 kann bei Hautbläschen mit klarem Inhalt, bei Fieberbläschen und Gürtelrose eingesetzt werden.

◀ Natriumchlorid

Nr. 9 Natrium phosphoricum – Natriumphosphat

Natriumphosphat ist das Salz für den Stoffwechsel und für die Entsäuerung.

Vorkommen im Körper: Bestandteil der roten Blutkörperchen, Muskeln, Nerven, der Gewebsflüssigkeit und des Bindegewebes. Dient zur Aufrechterhaltung des Säure-Basen-Gleichgewichts im Körper und regt den gesamten Stoffwechsel an.

Symptome: Der Stuhl kann einen schmierigen Fettfilm haben, die Gesichtshaut fettig und glänzend sein. Die Zunge ist oft feucht und goldgelb. Menschen, die Natriumphosphat benötigen, haben meist großes Verlangen nach Süßigkeiten.

Verwendung: Bei allen Stoffwechselbelastungen. Bei allen durch zu viel Säuren bedingten Beschwerden: Gicht (Harnsäure), Rheuma, Osteoporose, Sodbrennen. Auch bei Fettverdauungsbeschwerden, bei Blähungen, Gallensteinen, Koliken, bei Akne und bei fettiger Haut ist Natriumphosphat angezeigt. Die Salbe Nr. 9 wird bei Hexenschuss und rheumatischen Erkrankungen eingesetzt.

Natriumphosphat ▶

Mineralsalztherapie nach Dr. Schüßler

Nr. 10 Natrium sulfuricum – Natriumsulfat

Natriumsulfat ist das biochemische Ausleitungsmittel und dient der Entgiftung und Ausscheidung.

Vorkommen im Körper: In allen Gewebsflüssigkeiten.

Symptome: Die Zunge ist oft schmutzig bis bräunlich-grünlich belegt, evtl. mit bitterem Geschmack.

Verwendung: Immer, wenn die Entgiftung angeregt werden soll, ist dieses Salz angezeigt. Natriumsulfat ist als »Glaubersalz« bekannt, einem Abführmittel, das vor allem bei Fastenkuren gerne zur Darmreinigung verwendet wird. Im Schüßler-Aufschlussverfahren als D 6 wirkt es entgiftend und regt den Stoffwechsel an. Es ist einsetzbar bei allen Formen von Verdauungsstörungen: Blähungen, Durchfällen, Verstopfung, Fettverdauungsstörungen. Auch bei nässenden Hautausschlägen und bei Ödemen ist Natriumsulfat hilfreich. Die Salbe Nr. 10 kommt bei Warzen, Hühneraugen und Hautausschlägen zum Einsatz.

▼ Natriumsulfat

Silicea ▶

Nr. 11 Silicea – Kieselsäure

Das Schönheitsmittel und Anti-Aging-Mittel der Biochemie: Das Salz für die Haare, die Haut und das Bindegewebe.

Vorkommen im Körper: Wichtiger Bestandteil des Bindegewebes, der Haut, der Schleimhaut, der Nägel, der Knochen und der Nerven.

Symptome: Die Haut zeigt meist kleine Fältchen und Krähenfüße, vor allem in den Augenwinkeln und am Ohr. Die Zunge ist meist trocken mit seifigem Geschmack.

Verwendung: Steigert die Festigkeit des Bindegewebes und ist wichtig für den Aufbau von Haut, Haaren und Nägeln. Wirkt gegen frühzeitiges Altern. In Verbindung mit Salz Nr. 1 kann man es als »Bindegewebskur« für 6–8 Wochen anwenden. Dabei werden täglich je 3 × 2 Tabletten vor den Mahlzeiten eingenommen.

Silicea wirkt gegen Haarausfall, brüchige und spröde Nägel, gegen Eiter, bei Gelenkproblemen und gegen übermäßiges Schwitzen. Auch bei Gelenkentzündungen und eitrigen Entzündungen. Die Salbe Nr. 11 ist bei Neigung zu rauer Haut – vor allem im Winter – gut einsetzbar.

Mineralsalztherapie nach Dr. Schüßler

▲ Kalziumsulfat

Nr. 12 Calcium sulfuricum – Kalziumsulfat

Kalziumsulfat ist das Eitermittel der Biochemie.

Vorkommen im Körper: In Leber, Galle und in der Knorpelmasse.

Symptome: Die Zunge ist meist nur am Zungengrund lehmartig belegt.

Verwendung: Bei eitrigen Prozessen, bei Abszessen, bei Gelenkproblemen und zur Verbesserung des Lymphabflusses.

Unterstützt das Leber- und Gallesystem. Ich persönlich setze es gerne bei Menschen ein, die sich in einer Umbruchphase befinden und deshalb innerlich etwas unstrukturiert sind. Sie fühlen sich meist orientierungslos und überfordert. Auch bei Kindern, die schulisch überfordert sind, ist dieses Salz hilfreich. Als Salbe ist Nr. 12 erst seit Kurzem auf dem Markt, sie eignet sich zur Anregung der Lymphe und bei Gelenkschmerzen.

Schüßler-Salze für Ihre Gesundheit ◄

Ergänzungsmittel

Noch 12 weitere Mineralsalze werden in der Schüßler-Therapie eingesetzt – die »Ergänzungsmittel« Nr. 13 bis 24, die ich hier der Vollständigkeit halber erwähnen möchte. Suchen Sie sich Ihr oder Ihre Schüßler-Salz(e) jedoch immer unter den ersten 12 Salzen.

▌ Die Ergänzungsmittel werden bei Bedarf zur unterstützenden Behandlung eingesetzt. Dies sollte jedoch einem Arzt oder Therapeuten überlassen bleiben.

Ergänzungsmittel im Überblick

- ▌ Nr. 13 Kalium arsenicosum (Kalium-arsenit): Schleimhäute.
- ▌ Nr. 14 Kalium bromatum (Kalium-bromid): Schlafstörungen und Unruhe.
- ▌ Nr. 15 Kalium jodatum (Kaliumjodid): Störungen der Schilddrüsenfunktion.
- ▌ Nr. 16 Lithium chloratum (Lithium-chlorid): depressive Störungen, Verbesserung des Eiweißstoffwechsels.
- ▌ Nr. 17 Manganum sulfuricum (Mangansulfat): chronische Entzündungen, Allergien.
- ▌ Nr. 18 Calcium sulfuratum (Kalzium-sulfid): Entgiftung, Hautausschläge.
- ▌ Nr. 19 Cuprum arsenicosum (Kupfer-arsenit): Krämpfe, Appetitlosigkeit.
- ▌ Nr. 20 Kalium aluminium sulfuricum (Kalium-Aluminiumsulfat, Alaun):

Magen-Darm-Koliken, hemmt Entzündungen, fördert die Blutgerinnung.
- ▌ Nr. 21 Zincum chloratum (Zinkchlorid): Haarausfall und brüchige Nägel, regt Stoffwechsel und Immunsystem an.
- ▌ Nr. 22 Calcium carbonicum (Kalzium-carbonat): Hauterkrankungen und Ekzeme, für Knochen und Zähne.
- ▌ Nr. 23 Natrium bicarbonicum (Natriumbicarbonat, Natron): Übersäuerung, rheumatische Erkrankungen, chronische Gastritis.
- ▌ Nr. 24 Arsenicum jodatum (Arsentrijodid): Schilddrüsenüberfunktion, Schwäche, Unruhe, Angst, Schleimhautentzündungen.

GUT ZU WISSEN

Mineralsalztherapie nach Dr. Schüßler

Schüßler-Salze und Basenfasten: Erfolgsberichte

Schüßler-Salze als Unterstützung zum Basenfasten – das ist der Turbo, um den Organismus noch effektiver zu entsäuern.

Dass eine Woche Basenfasten pur schon ein echtes Gesundheitserlebnis ist, zeigen die vielen begeisterten Reaktionen meiner Leser und der Kursteilnehmer. Krankheiten und sogar langjährige Beschwerden besserten sich nach ein bis zwei Wochen Basenfasten.

Die folgenden Beispiele aus meiner Praxis zeigen, dass Basenfasten plus selbst in aussichtslosen Gesundheitssituationen eine echte Alternative ist. Und, was mich besonders freut: viele Menschen finden dadurch wieder zu einer neuen erfreulichen Lebensqualität zurück. Denn das liegt mir besonders am Herzen: Mit einfachen und preiswerten Methoden viel zu erreichen – ganz im Sinne des Bestsellers: »Simplify your life« – so einfach wie möglich. Übrigens, auch ganz im Sinne Dr. Schüßlers: eine einfache Therapie.

Krämpfe in den Beinen

Eine Kursteilnehmerin, die schon öfter Basenfasten gemacht hat, klagte ab dem 3. Basenfastentag immer wieder über Krämpfe in den Unterschenkeln. Solche kleinen Nebeneffekte verschwinden meist nach 1–2 Tagen von alleine. Da die Krämpfe am 3. Tag immer noch anhielten, riet ich ihr, die folgenden 2 Tage Magnesium phosphoricum D 6 – das Schüßler-Salz Nr. 7 – einzunehmen (Dosierung: 3-mal täglich 2 Tabletten im Munde zergehen lassen). Bereits am nächsten Tag hörten die Krämpfe auf.

Beinkrämpfe kommen relativ häufig während des Basenfastens vor und sind ein Ausdruck auf die starke innere Anspannung des betroffenen Menschen. Durch die Entsäuerung versucht der Körper, die Anspannung los zu werden, was sich in den auftretenden Krämpfen

◀ Magnesium phosphoricum hilft gegen Krämpfe.

Schüßler-Salze und Basenfasten: Erfolgsberichte

äußert. Offensichtlich hat die Anspannung viel Magnesium verbraucht, weshalb Magnesium phosphoricum auch schnell hilft. Tatsächlich ist es so, dass das Schüßler-Salz Nr. 7 bei starken nervlichen Belastungen, Stress und Anspannungen gut hilft. Auch Elektrosmog scheint im Körper Stress zu produzieren – die Nr. 7 schafft Abhilfe.

Haarausfall

Eine Patientin litt seit einem Jahr an kreisrundem Haarausfall – keine Therapie hatte bislang angeschlagen. Nach ausführlicher Untersuchung kam ich hier zu dem Schluss, mit Schüßler-Salzen zu unterstützen. Ich habe die Patientin in Abständen von 4 Wochen auf 1–2 Salze eingestellt; nach 3 Monaten ging der Haarausfall deutlich zurück. Sie stellte auch ihre Ernährung radikal um, verzichtete völlig auf Fleisch und Kaffee und erhöhte ihren Obst- und Gemüseanteil. Sie ist auch selbst überzeugt davon, dass diese Ernährung wesentlich zur Besserung beigetragen hat und will diesen Weg weitergehen.

Leistungsabfall, Erschöpfung

Eine Patientin klagte über zunehmende Müdigkeit und Abgeschlagenheit, die seit einem Jahr bestand. Parallel zum Basenfasten nahm sie die Schüßler-Salze Nr. 9 (Natrium phosphoricum D 6 zur Entsäuerung) und Nr. 10 (Natrium sulfuricum D 6 zur Stoffwechselanregung). Bereits nach einer Woche war sie wieder leistungsfähiger und hatte 4 Kilo weniger auf der Waage. Die beiden Schüßler-Salze nahm sie noch 3 Wochen weiter. Das »basische Müsli« isst sie nun jeden Morgen, außerdem steht wesentlich mehr Gemüse auf dem Speiseplan. Seither fühlt sie sich rundum fit und hat ihr Gewicht auch behalten. Sie plant schon das nächste Basenfasten und nimmt sich vor, danach ihren Konsum an Süßigkeiten drastisch zu senken.

Schwellungen am Auge

Eine Patientin litt an verschiedenen Allergien und plagte sich über den Winter mit chronischen Nebenhöhlenentzündungen. Nach 3 Tagen Basenfasten bekam sie Schwellungen an den oberen Augenlidern. Die Augenoberlider geben meist einen Organhinweis auf Leber und so habe ich ihr das Schüßler-Salz Nr. 10 empfohlen, das den gesamten Stoffwechsel anregt und besonders die Leberentgiftung fördert. Nach 2 Tagen waren die Schwellungen wieder verschwunden. Da ihre gesamte Stoffwechselsituation aufgrund der Allergien dringend einer Unterstützung bedurfte, nahm sie das Salz Nr. 10 noch einige Wochen lang – je 3-mal 1 Tablette vor den Mahlzeiten. Es ging ihr daraufhin sowohl während des Basenfastens als auch danach deutlich besser.

So funktioniert Basenfasten plus

Reicht Basenfasten alleine nicht aus, um gut zu entsäuern? Das kommt ganz darauf an, wie sehr Sie entsäuern müssen, um wieder zu einem echten Wohlbefinden zu kommen. Basenfasten plus wird mit Schüßler-Salzen unterstützt und ist besonders vitalstoffreich – ganz ohne Vitamin- oder Mineralstofftabletten: Das Vitalstoff-Wellnessprogramm – einfach und effektiv.

So funktioniert Basenfasten plus

Basenfasten-Basics

Wenn Sie die folgenden Grundlagen des Basenfastens bereits aus meinen anderen Büchern kennen, lesen Sie einfach weiter ab Seite 78.

Die Basenfasten-Basics sind die Grundlage jeder Basenfastenkur – natürlich auch der Basenfasten-plus-Kur. Sie zeigen Ihnen das Basenfasten-Ideal, das Sie anstreben sollten. Aber: Nobody's perfect und auch Sie müssen es nicht sein. Das würde nur Stress erzeugen und der macht bekanntlich sauer. Am besten betrachten Sie die Basics als Orientierung.

Die wichtigsten Basics sind 100% basische Ernährung und die Darmreinigung. Wenn Sie die Darmreinigung unter den Tisch fallen lassen, dann kommt es in den ersten Tagen gerne zu Blähungen und Verdauungsstörungen – auch Kopfschmerzen sind möglich. Vermeiden Sie diese Begleiterscheinungen lieber – Sie werden sich wohler fühlen.

Die Basics sind so zusammengestellt, dass Sie sich in der Basenfastenwoche wirklich wohlfühlen und optimal entsäuern können – vorausgesetzt, Sie beachten sie.

Basenfasten-Basics auf einen Blick

- Motivation
- Ernährung: 100% basisch
- Genuss
- Trinken
- Darmreinigung
- Bewegung
- Erholung

Motivation

Beginnen Sie eine Basenfastenwoche immer erst dann, wenn Sie merken, dass Sie richtig gut motiviert sind – Motivation garantiert Ihnen den größtmöglichen Erfolg. Machen Sie jeden Tag den Motivationscheck: »Warum will ich gerade jetzt etwas für meine Gesundheit tun?« Sollen ein paar Pfunde purzeln, wollen Sie die Frühjahrsmüdigkeit überwinden? Wollen Sie allgemein etwas Gutes für sich tun? Wollen Sie eine Krankheit loswerden? Meist reichen solche Fragen aus, um wieder genügend Motivation zum Weitermachen zu haben an den Tagen, an denen es schwerer fällt. Und wenn Sie

Basenfasten-Basics

einmal gar nicht motiviert sind? Besinnen Sie sich auf Ihre ursprüngliche Motivation und versprechen Sie sich eine Belohnung (»Morgen gönne ich mir eine Massage«, »Wenn ich 4 Kilo los bin, kaufe ich mir eine neue Hose oder melde mich zu einem Tango-Kurs an«).

Ernährung: 100 % basisch

Dieses Basic ist ein absolutes Muss. Durch die 100 % basische Kost kommt es zur optimalen Entsäuerung und dadurch unterscheidet sich Basenfasten von all den Säure-Basen-Diäten, die auf dem Markt sind. Basenfasten ist 100 % basenbildend – ohne Kompromisse: Alle Nahrungsmittel, die Sie zu sich nehmen, bilden im Körper Basen oder reagieren neutral, wie Wasser oder Pflanzenöle. Durch den völligen Verzicht auf Säurebildner wird eine Mobilisierung der abgelagerten Säuren erreicht, die dann durch hohe Trinkmengen und regelmäßige Darmreinigung ausgeschwemmt werden. Je genauer Sie sich daran halten, umso größer ist Ihr Erfolg.

Das Basometer ab Seite 79 zeigt Ihnen, welche Lebensmittel 100 % Basen bilden und für Basenfasten geeignet sind. Die 100 % basischen Rezepte in diesem und unseren anderen Büchern liefern Ihnen jede Menge Ideen und passen in jede Lebenssituation.

Genuss

Während einer Basenfastenwoche geht es auch um die Erfahrung, dass »nur Obst und Gemüse essen« nicht doof und langweilig ist. Im Gegenteil, naturbelassen zubereitetes Obst und Gemüse ist Genuss pur. Wenn Sie dazu noch gut und langsam kauen, dann steigern sie damit den Genuss des Essens und entlasten gleichzeitig Ihre Verdauungsorgane. Experimentieren Sie mit der Vielfalt an basischen Lebensmitteln und genießen Sie: Richten Sie die Gerichte auf schönen Tellern appetitlich an – ein lieblos auf den Teller gelegtes Essen schmeckt nie wirklich gut. Achten Sie auf ein schönes Ambiente: Decken Sie den Tisch, zünden Sie eine Kerze an und essen Sie nur mit netten Leuten.

So funktioniert Basenfasten plus

Trinken

Trinken ist das A und O jeder Fastenkur, auch des Basenfastens: 2,5–3 Liter reines Quellwasser oder stark verdünnte Kräutertees durchspülen die Lymphe, das Bindegewebe und die Nieren. Welches Quellwasser Sie verwenden, das hängt von ihrem Geschmack und von Ihren gesundheitlichen Ansprüchen ab. Einige Sorten, die es vorwiegend in Reformhäusern und Naturkostläden gibt, unterstützen die Entgiftung – wie etwa Lauretana, ein besonderes Wasser aus dem Monte-Rosa-Massiv, das ohne Druck abgefüllt wird und die Nierentätigkeit stark anregt. Doch auch herkömmliche Quellwässer sind o. k., solange sie ohne Kohlensäurezusatz sind.

Sie können Ihre erforderliche Trinkmenge aber auch mit Kräutertee abdecken – allerdings mit stark verdünntem: Ein Beutel Tee auf ein Liter Wasser. Als Teesorten kommen alle Kräutermischungen in Frage, die wirklich nur aus einheimischen Kräutern bestehen – ohne Zusätze. Bitte verwenden Sie keine Einzelteesorten wie Pfefferminztee oder Kamillentee in größeren Mengen, da sie in höheren Konzentrationen Arzneiwirkung haben. Ebenfalls vermeiden sollten Sie Tee, der Früchte, Roiboos oder Aromastoffe enthält – Früchtetees machen sauer!

Empfehlenswerte Fertigtees

- Morgengruß, Kräutertraum und Abendtraum der Firma Lebensbaum
- Everstaler 24 Kräutertee
- Basen-Balance-Tee von Salus

Darmreinigung

Darmreinigung ist der erste Schritt, um im Körper aufzuräumen. Die meisten Menschen tragen eine Menge unverdaute Altlasten mit sich herum – schmeißen Sie die Altlasten einfach raus und entrümpeln Sie Ihren Darm! Wie – das können Sie sich aussuchen: Ob mit Glaubersalz, Bittersalz, Einläufen oder mit Colon-Hydro-Therapie – Hauptsache, der Darm wird gründlich gereinigt. Bitte entleeren Sie Ihren Darm mit einer dieser Methoden auch dann, wenn Sie täglich Stuhlgang haben. Während der Basenfastenwoche ist es empfehlenswert, den Darm alle 2–3 Tage zu reinigen.

Wenn Sie dieses Basic unter den Tisch fallen lassen, reagiert Ihr Darm möglicherweise mit Blähungen oder Verdauungsstörungen, und das belastet wiederum unnötigerweise den Stoffwechsel.

Darmreinigung mit Glaubersalz

Glaubersalz, das wohl bekannteste Darmreinigungsmittel für Fastenkuren, ist chemisch gesehen Natriumsulfat (Natrium sulfuricum) und in allen Apotheken erhältlich. Wenn Sie den Geschmack von Glaubersalz nicht mögen, dann können Sie es mit Bittersalz (»F.X.-Passage-Salz SL«) aus der Apotheke versuchen.

So wird's gemacht: Lösen Sie 40 g Glaubersalz in $^1/_2$ l Wasser auf, geben Sie etwas Zitronensaft dazu und trinken Sie die Lösung langsam. Trinken Sie danach reichlich Wasser oder Kräutertee. Die Darmentleerung sollte innerhalb der folgenden 1–3 Stunden erfolgen. Ist das nicht der Fall, dann warten Sie 8–12 Stunden ab und wiederholen Sie die Einnahme gegebenenfalls.

Achten Sie darauf, dass Sie in den ersten Stunden nach der Einnahme zu Hause sind und keine Termine haben, denn die Stuhlentleerung kann unvorhersehbar und plötzlich erfolgen. Eine freie Toilette sollte daher immer in Ihrer Nähe sein. Nehmen Sie es auch nicht zu spät abends ein – es könnte die ganze Nacht im Darm rumoren. Glaubersalz reizt die Darmschleimhäute und sollte von Menschen mit empfindlichem Darm nicht genommen werden.

▲ Zitrone mildert den bitteren Geschmack von Glaubersalz.

Darmreinigung mit Einläufen

Diese Darmreinigungsmethode ist leicht zu praktizieren und auch für Eilige gut geeignet, denn er ist gut planbar – im Gegensatz zu Glauber- und Bittersalz. Ein Einlauf wird mit einem Irrigator durchgeführt, den Sie in der Apotheke erhalten.

So funktioniert Basenfasten plus

So wird's gemacht: Füllen Sie den Irrigator mit 2 Liter warmem Wasser (Temperatur 36–37 °C). Legen Sie sich in Seitenlage auf ein Handtuch. Fetten Sie das Einführrohr mit etwas Vaseline oder einer anderen unparfümierten Fettcreme ein und führen Sie das Rohr wenige Zentimeter in den After ein. Nun öffnen Sie den Zulaufhahn des Irrigators und lassen das warme Wasser so lange langsam vom Enddarm aus in den Dickdarm einlaufen, bis ein starker Entleerungsdrang eintritt. Das kann bereits mit einer kleinen Wassermenge der Fall sein – jeder Darm reagiert hier etwas anders. Wenn Sie merken, dass der Druck auf die Darmwand zu stark wird und Sie das Wasser nicht mehr halten können, dann geben Sie diesem Druck nach und gehen Sie auf die Toilette. Wiederholen Sie diesen Vorgang so lange, bis sich Ihr Darm leer und gut anfühlt. Meist werden dazu 2–3 Liter Wasser benötigt.

▌ Machen Sie bitte keine Zusätze in das Einlaufwasser! Wasser ist das beste Reinigungsmittel.

Eine leichte Bauchmassage unterstützt den Reinigungsvorgang zusätzlich. Massieren Sie dabei mit vom Blinddarm ausgehenden streichenden Bewegungen in Richtung Enddarm. Wenn Sie Yoga beherrschen, können Sie, wenn der Darm viel Wasser aufgenommen hat, die Yogaübung »die Kerze« machen und die Stellung einige Minuten beibehalten. Durch diese Übung gelangt das Wasser in die unteren Dickdarmabschnitte, sodass auch diese gereinigt werden.

Darmreinigung mit Colon-Hydro-Therapie

Colon-Hydro-Therapie ist die effektivste Art der Darmreinigung. Bei dieser Methode wird der Dickdarm mit warmem gefiltertem Wasser sanft gespült und dadurch sehr intensiv gereinigt. Das geschieht ambulant in einer Heilpraktiker- oder Arztpraxis mithilfe eines Gerätes, dem so genannten Colon-Hydromat.

So wird's gemacht: Im Grunde ist die CHT eine moderne und vor allem hygienische Form des alt bekannten Einlaufs. Der Patient liegt dabei bequem in Rückenlage auf einer Behandlungsliege und in den Darm fließt über ein geschlossenes System (mit sterilem Einmaleinführbesteck) warmes, filtriertes Wasser. Der Darminhalt wird durch einen Abflussschlauch geruchfrei ausgeleitet. Während der gesamten Spüldauer von 35–50 Minuten ist ein erfahrener Therapeut anwesend, der das Gerät bedient und eine gründliche Darmmassage ausführt. Der Behandlungsdruck wird ständig überwacht und die Behandlungstemperatur beträgt in der Regel 36–37 °C, entsprechend der

Basenfasten-Basics

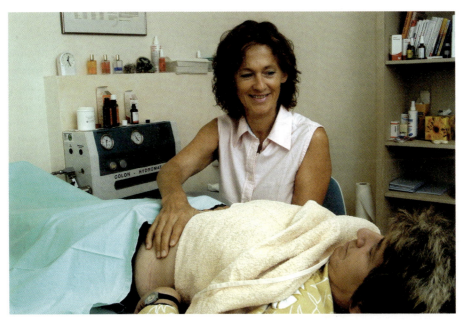

▲ Colon-Hydro-Therapie ist die angenehmste und effektivste Form der Darmreinigung.

Normaltemperatur des Darmes. Lediglich bei sehr reaktionsträgem Darm kann der Therapeut die Temperatur für kurze Zeit geringfügig erniedrigen, um einen »Kneipp-Effekt« zu erzielen. Der Behandlungsdruck liegt meist bei 50 Millibar, wird aber je nach Empfindlichkeit des Patienten individuell eingestellt. Durch den Wasserdruck wird ein leichter Massageeffekt erzeugt, der durch die Bauchmassage des Therapeuten noch verstärkt wird.

Der Darm wird auf diese Weise zur Entleerung angeregt und es lösen sich oft selbst alte Kotreste. Durch die Entsorgung der alten Ablagerungen werden der Stoffwechsel und das Immunsystem gleichermaßen angeregt. Und: Das Hautbild verbessert sich.

Bitte beachten Sie, dass Colon-Hydro-Therapie für Frauen in der Schwangerschaft und Stillzeit nicht geeignet ist. Auch für Menschen mit schwerem Verlauf bestimmter chronischer Erkrankungen ist diese Therapie nur nach eingehender Untersuchung und Rücksprache mit dem behandelnden Arzt anzuraten. Generell gilt: Bei sachgemäßer Anwendung ist die Colon-Hydro-Therapie eine sinnvolle und ungefährliche Therapie.

Bewegung

Bewegen Sie sich regelmäßig – am besten täglich und das nicht nur während der Basenfastenwoche. Leider bewegen sich die meisten Menschen viel zu wenig. Gewöhnen Sie sich ein Bewegungsprogramm an – das kann im Sommer anders aussehen als im Winter. Bewegungsmuffel sind out. Und wenn Sie nur täglich 30 Minuten einen Spaziergang machen – das ist schon ein Anfang. Wenn Sie sich erst einmal daran gewöhnt haben, dann vermissen Sie Ihre tägliche Bewegung, wenn Sie einmal keine Zeit dazu haben. Ob Sie Ihr Bewegungsprogramm morgens, mittags oder abends einplanen, das ist im Prinzip egal. Planen Sie so, wie es für Sie auch realisierbar ist und in Ihren Tagesablauf passt. Wenn Sie es absolut nicht schaffen, sich aus dem Haus zu bewegen, dann sind 30 Minuten Gymnastik eine gute Alternative.

▼ Regelmäßige Bewegung unterstützt das Basenfasten.

Erholung

Erholung ist ein ganz wichtiger Baustein einer Entsäuerungskur. Wie kann das im heutigen stressüberfüllten Leben funktionieren? Ganz einfach. Ändern Sie in der Basenfastenwoche einmal Ihre Gewohnheiten. Gehen Sie früher zu Bett, lesen Sie abends in einem schönen Buch, stöbern Sie in alten Urlaubsfotos, legen Sie sich in die Badewanne, machen Sie einen Massagetermin aus ... Es gibt unzählige Möglichkeiten, sich vom Alltag zu erholen. Erholung beschleunigt die Entsäuerung und

Schlaf ist die einfachste und billigste Erholungsmethode – 8 bis 9 Stunden pro Nacht sind ideal.

Wenn Sie vor dem Zubettgehen am Abend ein Basenbad machen – wie das Bullrich's Vital Wellnessbad – dann erzielen Sie damit einen doppelten Effekt: Das Basenbad wirkt entspannend und beschleunigt den Entsäuerungsprozess. Bullrich's Vital Wellnessbad ist ein basisches Mineralstoffbad, das herrlich nach Waldkräutern duftet.

Basenfasten heißt: Regelmäßig das Richtige essen

Basenfasten ist einfach und unkompliziert, ein paar Grundregeln sollten Sie dennoch im Auge behalten.

Die 10 Regeln, die Sie auf den folgenden Seiten finden, helfen Ihnen, Basenfasten wirklich zu einem Gesundheitserlebnis zu machen. Wenn Sie diese Regeln beachten, vertragen Sie die basischen Lebensmittel viel besser, als wenn Sie alles wild durcheinander essen. Denn, beim Basenfasten kommt es nicht nur auf das »Obst-und-Gemüse-Essen« an, sondern vor allem auf das »Wie« und auf das »Wann«: Viele Basenfaster machen beispielsweise den Fehler, sehr unregelmäßig zu essen. Besonders Berufstätige neigen dazu, morgens ein wenig Obst zu essen und dann den ganzen Tag nur zu trinken, weil plötzlich wichtige Geschäftstermine dazwischen gekommen sind. Am Abend überfällt sie dann der Hunger und sie essen dann eine große Gemüseportion. Am nächsten Tag essen sie dann drei Mahlzeiten, am übernächsten wieder nur zwei. Solche Unregelmäßigkeiten sind für eine optimale Entsäuerung gar nicht gut.

Beim Basenfasten wird der Stoffwechsel bewusst nicht auf Fastenstoffwechsel umgeschaltet. Drei 100 % basische Mahlzeiten führen zur Entsäuerung – bei normal arbeitendem Stoffwechsel. Unregelmäßigkeiten stören diesen Prozess. Auch hier können Blähungen eine mögliche Folge sein. Deshalb: Nehmen Sie Ihre Mahlzeiten wirklich regelmäßig ein!

▼ Ein gewisse Regelmäßigkeit ist Voraussetzung für erfolgreiches Basenfasten.

So funktioniert Basenfasten plus

GUT ZU WISSEN

Die 10 goldenen Wacker-Regeln

1 Essen Sie Rohkost nur, wenn Sie diese vertragen

Dass Rohkost gesund ist, weiß jeder. Wenn Sie Rohkost aber nicht gut verdauen können, dann belastet das Ihren Darm und das ist nicht gesund. Achten Sie deshalb genau auf Ihren Körper: Wenn Sie oft mit Blähungen oder Schmerzen auf Rohes reagieren, dann sollten Sie die Gemüse lieber schonend dünsten. Wenn Sie unempfindlich sind, dann können sie rohes Obst und Gemüse nach Herzenslust – bis 14 Uhr – verzehren.

2 Essen Sie Rohkost nur bis 14 Uhr

Und damit folgt die 2. Wacker-Regel: Nach 14 Uhr behindert Rohkost die Leber bei ihren internen Stoffwechselarbeiten und ist dadurch schwerer verdaulich. Gesunde merken das nicht direkt. Darmempfindliche spüren das jedoch in Form von Blähungen, Verstopfung oder Durchfall. Essen Sie Obst immer nur auf nüchternen Magen – also zum Frühstück.

3 Essen Sie nach 18 Uhr nichts mehr

Was nach 18 Uhr gegessen wird, landet auf den Hüften und überfordert die Leber. Der interne Stoffwechsel der Leber ist in der Nacht besonders aktiv und sorgt, wenn er nicht durch zusätzliche Mahlzeiten gestört wird, nachts für die Entgiftung. So arbeitet Ihr Körper für Sie, während Sie schlafen.

4 So naturbelassen wie möglich

Da beim Erhitzen Vitalstoffe verloren gehen, ist es wichtig, dass Sie Ihre Gemüsegerichte besonders schonend zubereiten. Lassen Sie Gemüse nie ganz weich werden und braten Sie nicht zu viel. Am schonendsten können Sie Gemüse im »Gemüsedämpfer« zubereiten. Das ist ein Edelstahltopf mit einem Siebeinsatz, in dem das Gemüse nicht im Wasser liegt, sondern nur durch den Dampf gegart wird. Das schont die Vitalstoffe und erhält dadurch das volle Gemüsearoma. Und: Es geht ganz schnell.

5 Essen Sie nicht zu viel

Die Faustregel heißt: Essen Sie so wenig wie möglich und nur so viel wie nötig! Und wenn es noch so basisch ist – zu viel ist immer ungesund. Versuchen Sie langsam und bewusst zu essen und kauen Sie sehr gründlich. Auf diese Weise verhindern Sie, dass Sie Ihr Essen hinunterschlingen und nicht merken, wann Sie eigentlich schon satt sind. Ich schreibe nicht vor, wie viel Sie essen, denn eines der Basenfastenziele ist, dass Sie Ihre Wohlfühlessmenge selbst herausfinden. Wenn Sie das schaffen, dann wird Basenfasten für Sie zu einem echten Gesundheitserlebnis.

6 Keine wilden Mischungen

Simplify your life – das sollte auch für die Küche gelten. Je weniger Nahrungsmittel

Basenfasten heißt: Regelmäßig das Richtige essen

Sie mischen, umso intensiver können Sie den Geschmack der Zubereitung erleben. Das ist ein anderer Kick für die Geschmacksnerven – der pure Geschmack der Natur. Deshalb: Verwenden Sie pro Mahlzeit möglichst nur zwei oder drei Obst- oder Gemüsesorten.

7 Verwenden Sie Gewürze sparsam

Wenn Sie zu stark würzen, irritieren Sie damit Ihre Geschmacksnerven – das lässt Sie unter anderem das Gefühl für Sättigung verlieren. Das ist auch der Grund, weshalb ich den intensiven Knoblauch trotz seiner vielfältigen Gesundheitswirkung beim Basenfasten nicht empfehle. Knoblauch übertönt durch die enthaltenen Sulfide jeden Gemüsegeschmack.

Kräuter – vor allem frische Kräuter – sind die optimalen Würzmittel. Würzen Sie Ihre Speisen zunächst mit Kräutern und schmecken Sie dann mit Meersalz oder einem anderen Salz ab. So halten Sie den Salzverbrauch niedrig. Kräutersalzmischungen sind ebenfalls empfehlenswert. Auch frische Sprossen dienen der Geschmacksverfeinerung.

8 Essen Sie nur die basischen Lebensmittel, die Sie mögen

Ideal: Gehen Sie auf den Wochenmarkt, lassen Sie sich von den verlockenden Obst- und Gemüseangeboten der Saison verführen und kaufen Sie aus dem Bauch heraus die Sorten, auf die Sie spontan Lust haben. Mir geht es meist so: Ich stelle mir zu Hause ein leckeres Gemüsegericht vor, finde dann aber genau diese Gemüsesorte auf dem Markt nicht so frisch vor wie in meiner Vorstellung. Dafür liegt daneben ein anderes Gemüse, das mich sehr anspricht – das ich dann schließlich kaufe.

9 Essen Sie mehr Gemüse als Obst – und zwar nur reifes

Nur reifes Obst und Gemüse wird basisch verstoffwechselt! Dies ist einer der Gründe, weshalb ich die Gemüse- und Obstsorten der Saison vorziehe. Sie finden hinter meinen Rezepten jeweils einen Hinweis, zu welcher Jahreszeit das Rezept passt. Unreifes kann bei Menschen mit empfindlichem Magen und Darm leicht zu Blähungen und Schmerzen führen. Achten Sie auch darauf, dass Sie deutlich mehr Gemüse als Obst essen – zu viel Obst kann ebenfalls zu Blähungen führen und es macht nicht lange satt. Generell gilt: 20% Obst – am besten zum Frühstück – und 80% Gemüse.

10 Kauen Sie gründlich

Gut gekaut ist halb verdaut und macht schneller satt. Erfahrungsgemäß ist es ein langer Prozess, bis Sie wirklich langsam und gut kauen. Deshalb: Üben, üben, üben. Gründlich kauen, das heißt ein 2 cm dicker Apfelschnitz sollte mindestens 30-mal gekaut werden. Wenn Sie das schaffen, dann verbessern Sie damit Ihre Verdauung.

GUT ZU WISSEN

So funktioniert Basenfasten plus

Basometer: Alle Basenfasten-Nahrungsmittel auf einen Blick

Auf den folgenden Seiten sehen Sie, wie gehaltvoll Basenfasten ist – und vor allem, welch große Auswahl Sie haben!

Das Basometer plus zeigt Ihnen alle beim Basenfasten erlaubten Lebensmittel. Damit Sie sich einen Überblick über den Gehalt an wichtigen Vitalstoffen verschaffen können, sind hinter den Lebensmitteln jeweils die Vitamine und Mineralstoffe angegeben, die in besonders großer Menge darin enthalten sind. Ein »*« bedeutet, dass keine genauen Angaben vorlagen. Alle genannten Lebensmittel und Getränke bekommen Sie in gut sortierten Lebensmittelgeschäften, Reformhäusern und Naturkostläden. Obst, Gemüse, Kräuter und Keimlinge gibt es auf allen Wochenmärkten. Fertigprodukte, die sich zum Basenfasten eignen, und die Hersteller finden Sie in der Liste auf Seite 91.

Die ideale Tageszeit für einen Rohkostsalat ist mittags. Dazu und zu jedem Gemüse gehören frische Kräuter, denn sie peppen jedes Gericht geschmacklich auf. Als Zwischenmahlzeiten können Trockenobst, Mandeln und Oliven dienen. Empfehlenswerte Wässer und Teesorten habe ich Ihnen auf Seite 93 zusammengestellt.

Wenn Sie die Basenfastenwoche abwechslungsreich gestalten, dann mangelt es Ihnen an keinem Vitalstoff. Meine Bitte an Sie: Machen Sie sich mit dieser Tabelle keinen Stress und begehen Sie keine Erbsen- bzw. Vitalstoffzählerei. Essen Sie während der Basenfastenwoche einfach bunt – heute einen Salat mit Kapuzinerkresseblüten, morgen einen Rote-Bete-Salat, übermorgen einen Rukolasalat mit vielen Kräutern und frischen Sprossen. Und: Kauen Sie langsam und gründlich. So sind Ihnen die Vitalstoffe sicher.

Lust auf Süßes?

Zucker ist beim Basenfasten natürlich tabu – wenn Sie jedoch mal Lust auf Süßes haben, gibt es folgende Möglichkeiten:
- Apfelsaftkonzentrat
- Apfel- oder Birnenkraut
- Agaven- oder Birnendicksaft

Basometer: Alle Basenfasten-Nahrungsmittel auf einen Blick ▶

Basenbildende Obstsorten

Obst	Wertvolle Inhaltstoffe
Äpfel	Pektin
Ananas	Mangan, Enzyme
Apfelbanane	Kalium
Aprikosen	Kalium, Vitamin A
Avocados	Kupfer, Kalium, Magnesium, Vitamin B6
Bananen	Kalium, Magnesium, Silizium, Vitamin B6
Baumerdbeeren (Tamarillos)	*
Berberitze	Vitamin C
Birnen	Kalium, Eisen
Brombeeren	Mangan
Cherrrymoya (Rahmapfel)	Kalium, Kalzium, Phosphor, Eisen
Clementinen	Vitamin C
Cranberries	Vitamin C
Datteln, frische	Kalium, Kalzium, Magnesium, Eisen, Kupfer
Drachenfrucht	Eisen, Phosphor, Kalzium
Esskastanien (Maronen)	Eisen
Erdbeeren	Eisen
Feigen	Kalium, Kalzium, Eisen
Granatäpfel	Kalium
Grapefruits	Vitamin C
Guaven	Kalium, Eisen, Vitamin C
Heidelbeeren	Eisen, Mangan
Himbeeren	Eisen, Mangan
Honigmelonen	Eisen, Vitamin A
Jackfrucht	Vitamin C
Jostabeeren	Vitamin C
Kakifrucht (Sharonfrucht)	Kalium, Phosphor, Mangan, Vitamine A und B
Kapstachelbeeren (Physalis)	*
Kirschen (sauer, süß)	Folsäure
Kiwis	Kalium, Magnesium, Eisen, Zink, Vitamin C
Kumquats	Vitamin C
Limetten	Vitamin C
Litschis	*
Loquats (jap. Mispel)	Kalium, Kalzium, Carotin
Mandarinen	Vitamin C

* Keine genauen Angaben verfügbar

79

So funktioniert Basenfasten plus

Basenbildende Obstsorten (Fortsetzung)

Obst	Wertvolle Inhaltstoffe
Mangos	Eisen, Vitamin A
Maracuja (Passionsfrucht)	Kalium, Magnesium, Eisen, Vitamin C
Maronen (Esskastanien)	Eisen
Melonen	*
Minneolas (Orangenmandarinen)	Vitamin C
Mirabellen	Eisen
Nektarinen	Vitamin C
Oliven (grün, schwarz)	Kalzium, Eisen – sehr basisch!
Orangen	Vitamin C
Orlando (Zitrusfruchtkreuzung)	Vitamin C
Pampelmusen	Vitamin C
Papayas	Magnesium, Eisen, Vitamin C, Enzyme
Passionsfrucht (Maracuja)	Kalium, Magnesium, Eisen, Vitamin C
Pfirsiche	Eisen
Pflaumen	Kalium, Eisen
Preiselbeeren	Kupfer, Mangan
Quitten	Eisen
Reineclauden	Kalium, Eisen
Rhabarber	*
Rosinen	Kalium, Mangan, Eisen
Rote Johannisbeeren	Kalium, Eisen, Mangan
Sanddornbeeren	Magnesium, Vitamin C
Satsumas	Vitamin C
Sauerkirschen	Folsäure
Schwarze Johannisbeeren	Kalium, Eisen, Mangan, Vitamin C
Stachelbeeren	Eisen
Sternfrüchte	*
Trauben	Vitamine B und C
Wasserkastanien	*
Wassermelonen	*
Weintrauben (weiß, rot)	Vitamine B und C
Zitronen	Kupfer, Vitamin C
Zwetschgen	Kalium, Eisen

Basometer: Alle Basenfasten-Nahrungsmittel auf einen Blick

Trockenobst, ungeschwefelt

Trockenobst	Wertvolle Inhaltstoffe
Ananas	Enzyme
Aprikose	Kalium, Eisen, Mangan
Banane	Kalium, Magnesium, Eisen, Mangan
Birne	Eisen, Zink
Brombeeren	Magnesium, Eisen, Zink, Mangan
Feigen	Eisen, Zink
Papaya	Enzyme
Pfirsich	Kalium, Eisen
Rosinen	Eisen, Zink

Trockenobst ist neben Oliven und Mandeln eine ideale Zwischenmahlzeit – vorausgesetzt, es ist ungeschwefelt. Getrocknetes Obst enthält Vitalstoffe in konzentrierterer Form – besonders hoch ist der Gehalt an Kalium, Magnesium und Eisen. Mittlerweile gibt es in Reformhäusern und Naturkostläden eine große Auswahl an getrockneten Obstsorten: Mango, Ananas, Papaya, Banane, Beeren, Äpfel, Feigen, Pflaumen usw. Bitte beachten Sie, dass sich in Trockenobst nicht nur der Vitalstoffgehalt konzentriert, sondern auch der Schadstoffgehalt.

▌ Deshalb: Verwenden Sie ausschließlich Trockenfrüchte aus biologischem Anbau, die in der Regel auch ungeschwefelt sind – Schwefelung macht sauer.

So funktioniert Basenfasten plus

Basenbildende Gemüsesorten

Gemüse	Wertvolle Inhaltstoffe
Auberginen	Kalium, Magnesium
Bleichsellerie (Staudensellerie)	Kalium, Kalzium, Magnesium, Fluor, Vitamin A
Blumenkohl	Kalium, Vitamine C, K , B
Bohnen, grüne	Kalium, Magnesium, Eisen, Mangan, Molybdän, Silizium
Brokkoli	Kalium, Kalzium, Magnesium, Eisen, Zink, Mangan, Jod, Vitamine C, A, K, B, Folsäure
Butterrüben, gelbe	Kalium, Eisen
Carli-Paprika	Eisen, Vitamin C
Chinakohl	Vitamin C
Chicorée (rot, weiß)	Vitamin A
Dolma-Paprika	Vitamin C
Eiszapfen	*
Erbsen, frisch	Vitamin B, Folsäure
Fenchel	Kalium, Kalzium, Magnesium, Eisen, Mangan, Vitamin C
Frühlingszwiebeln	Kalium, Zink, Mangan
Grünkohl	Kalium, Kalzium, Magnesium, Eisen, Mangan, Vitamine A, E, B, sehr viel Vitamin K, Folsäure
Gurke	*
Karotten	Kalium, Kalzium, Eisen, Mangan, Vitamin A
Kartoffeln	Kalium, Kupfer, Vitamine der B-Gruppe
Knollensellerie	Kalium, Kalzium, Vitamin B, Folsäure
Kohlrabi	Eisen, Selen, Folsäure
Kürbisarten	Kalium, Eisen, Mangan, Vitamin A
Lauch (Porree)	Kalium, Kalzium, Magnesium, Eisen, Mangan, Silizium, Vitamine B, C, Folsäure
Mangold	Magnesium, Kalzium, Eisen, Mangan, Fluor, Vitamine A, B,C
Navets-Rübchen (weiße Rübchen, Teltower Rübchen)	Kalium, Kalzium, Vitamin C
Okraschoten	Kalium, Kalzium, Magnesium, Eisen, Kupfer, Mangan
Paprika	Kalium, Eisen, Vitamine C und A, E

82

Basometer: Alle Basenfasten-Nahrungsmittel auf einen Blick ▶

Basenbildende Gemüsesorten

Gemüse	Wertvolle Inhaltstoffe
Pastinaken	Kalium, Kalzium, Magnesium, Eisen, Zink, Mangan
Petersilienwurzel	Kalium, Eisen, Kupfer, Fluor
Radieschen	Kalium, Eisen, Kupfer, Fluor, Vitamin C
Rettich	Kalium, Eisen
Romanesco (Blumenkohlart)	*
Rondini (Kürbisart)	*
Rote Bete	Kalium, Magnesium, Eisen, Kupfer, Mangan, Folsäure
Rotkohl	Kalium, Kalzium, Magnesium
Schalotten	Kalium, Zink, Mangan
Schwarzer Rettich	Kalium, Eisen (sehr basisch!)
Schwarzwurzel	Kalium, Magnesium, Eisen, Kupfer, Zink, Mangan, Vitamine E, B
Spinat	Kalium, Kalzium, Magnesium, Eisen, Mangan, Fluor, Jod, Vitamine A, E, K, B, C
Spitzkohl (Zuckerhut)	*
Staudensellerie (Bleichsellerie)	Kalium, Kalzium, Magnesium, Fluor, Vitamin A
Stielmus	*
Süßkartoffeln	Kalium, Eisen, Kupfer, Mangan, Vitamin B
Teltower Rübchen (Navets)	Kalium, Kalzium, Vitamin C
Tomaten	Kalium, Vitamin C, Lycopin
Topinambur	Kalium, Magnesium, Eisen, Zink
Trüffelkartoffeln (blaue Kartoffeln)	*
Urkarotten (Betakarotten)	Kalium, Kalzium, Eisen, Mangan, Vitamin A
Weißkohl	Kalium, Kalzium, Vitamine E, K
Wirsing	Kalium, Kalzium, Eisen, Mangan, Vitamine E, B, C
Zucchini	Kalium, Magnesium, Eisen
Zuckerschoten (Zuckererbsen)	Kalium, Kalzium, Magnesium, Eisen, Kupfer, Mangan
Zwiebeln	Kalium, Zink, Mangan

83

So funktioniert Basenfasten plus

Pilze

Pilze	Wertvolle Inhaltstoffe
Austernpilze	Vitamin B
Bovist	*
Champignons	Kalium, Eisen, Kupfer, Jod, Vitamine D, B
Egerlinge	Kalium, Eisen, Kupfer, Jod,
Herbsttrompeten	Kalium, Eisen, Kupfer, Jod, Fluor
Igel-Stachelbart (Pom-Pom blanc)	*
Kräuterseitlinge	Kalium, Eisen, Kupfer, Fluor
Limonenseitlinge	Kalium, Eisen, Kupfer, Fluor
Krause Glucke	*
Morcheln	Kalium, Eisen, Kupfer, Jod, Fluor, Mangan, Vitamin D
Mu-Err-Pilze	*
Pfifferlinge	Kalium, Eisen, Kupfer, Fluor Mangan, Vitamine A, B, D
Portabella-Pilze	*
Rosenseitlinge	Kalium, Eisen, Kupfer, Fluor
Samtfußrüpli	Kalium, Eisen, Kupfer, Fluor
Semmelstoppelpilze	*
Shiitake	Kalium, Eisen, Kupfer
Steinpilze	Kalium, Eisen, Kupfer, Jod, Fluor, Vitamine D, B
Trüffel	Kalium, Eisen, Kupfer, Jod, Fluor, Mangan

Basometer: Alle Basenfasten-Nahrungsmittel auf einen Blick ▶

Salate, Kräuter und Gewürze

Salate, Kräuter, Gewürze	Wertvolle Inhaltstoffe
Basilikum	Kalium, Kalzium, Eisen, Zink, Mangan
Bataviasalat	*
Beinwell	*
Bertramwurzel (Hildegardgewürz)	*
Bibernell	*
Bockshornklee	*
Bohnenkraut	Eisen
Borretsch	Eisen
Brennnessel	Kalium, Kalzium, Magnesium, Eisen, Vitamin C
Brunnenkresse	Kalzium, Vitamin C
Chinakohl	*
Chicorée (rot, weiß)	Vitamin A
Chilischoten	*
Dill	Kalzium, Eisen, Zink, Mangan
Eichblattsalat	*
Eisbergsalat	*
Eistropfensalat	Eisen
Endivien	Kalium, Eisen, Vitamin A
Feldsalat	Kalium, Eisen, Zink, Fluor, Jod, Vitamin A, Folsäure
Fenchelsamen	*
Friséesalat	*
Gänseblümchen	*
Gartenkresse	Kalium, Kalzium, Magnesium, Eisen, Mangan, Vitamin C
Giersch	*
Glattpetersilie	Kalium, Kalzium, Eisen, Mangan, Kupfer, Zink, Silizium
Hildegard-Gewürze (nach Hildegard von Bingen)	*
Ingwer	Eisen, Kalium, Magnesium, Phosphor,
Kamille	*
Kapern (ohne Essig)	*
Kapuzinerkresse	Kalzium, Eisen, Vitamin C
Kardamom	*

85

So funktioniert Basenfasten plus

Salate, Kräuter und Gewürze (Fortsetzung)

Salate, Kräuter, Gewürze	Wertvolle Inhaltstoffe
Kerbel	*
Koriander	*
Kopfsalat	Vitamine A, K
Kreuzkümmel	*
Kümmel	*
Kurkuma	*
Lattich	*
Lavendelblüten	*
Liebstöckel	Zink, Eisen
Löwenzahn	Kalium, Kalzium, Eisen, Mangan
Lollo-Rosso-Salat	*
Lollo-Bionda-Salat	*
Majoran	Eisen
Meerrettich	Kalium, Eisen
Melde (spanischer Spinat)	Eisen
Melisse	*
Mizuna (jap. Senfsalat, grün und rot)	*
Muskatnuss	*
Nelken	*
Orchideensalat	*
Oregano	*
Pak Choi (jap. Blattsalat)	*
Petersilie	Kalium, Kalzium, Eisen, Mangan, Kupfer, Zink, Silizium, Vitamin K
Pfeffer (weiß, rot, schwarz)	*
Pfeffer (grün)	Vitamin C
Pfefferminze	*
Piment (Nelkenpfeffer)	*
Postelein (Portulak)	Eisen, Magnesium
Radicchio	Eisen, Mangan
Romanasalat	*
Rosmarin	Eisen
Rukola (Rauke)	Kalium, Kalzium, Eisen
Safran	*
Salbei	Eisen

86

Basometer: Alle Basenfasten-Nahrungsmittel auf einen Blick ▶

Salate, Kräuter und Gewürze

Salate, Kräuter, Gewürze	Wertvolle Inhaltstoffe
Sauerampfer	Eisen, Kalium, Magnesium, Zink
Schabzigerklee	*
Schachtelhalm	Kieselsäure (Silicium)
Schnittlauch	Eisen, Zink, Vitamin K
Schwarzkümmel	*
Sellerieblätter	*
Sprossen	Vitamine, alle Mineralien
Thymian	Eisen (Der Eisengehalt von 50 g Thymian entspricht der empfohlenen Tagesmenge!)
Tumeric (Kurkuma)	*
Vanille	*
Veilchenblüten	*
Wildkräutermischung	*
Winterkresse	*
Ysop	Eisen
Zimt	*
Zitronenmelisse	*
Zitronenpfeffer	*
Zitronenthymian	*
Zucchiniblüten	*

Wie Sie sehen liegen für viele Salatsorten und Kräuter keine detaillierten Angaben über ihren Vitalstoffgehalt vor. Aus den wenigen erhältlichen Angaben geht hervor, dass Kopfsalate eher normale Mengen an Mineralstoffen und sekundären Pflanzenstoffen aufweisen, Kräuter dagegen besonders reich an Mineralstoffen sind. Besonders die Mittelmeerkräuter Thymian, Rosmarin und Oregano weisen extrem hohe Eisenwerte auf. Kräuter sind zudem sehr reich an sekundären Pflanzenstoffen. Die meisten Kräuter fördern zudem die Verdauung, viele fördern die Bekömmlichkeit der Nahrung und einige, wie Kapuzinerkresse und Schwarzkümmel wirken immunstimulierend.

■ Deshalb: Zu jeder Mahlzeit eine Extraportion Kräuter und Sprossen (siehe Seite 89), zu jeder Obstmahlzeit und jedem Saft ein wenig Minze oder Zitronenmelisse extra!

Keimlinge für die Extraportion Vitalstoffe

Samen, Keime und Sprossen sind die ungeschlagenen Champions unter den Vitalstofflieferanten, denn durch den Keimprozess vervielfacht sich der Vitalstoffgehalt – frischer und ursprünglicher geht es nicht!

- Beispiel Weizen: Der Gehalt an Eiweiß, Kalzium, Eisen und Vitamin B$_1$ verdoppelt sich im Keimling, der Gehalt an Phosphor, Magnesium, Kupfer und Vitamin B$_2$ verdreifacht sich sogar.
- Beispiel Luzerne: Der Gehalt an Eiweiß, Magnesium und Vitamin B$_1$ verdoppelt sich, der Gehalt an Eisen und Vitamin A verzehnfacht sich und der Gehalt an Kalzium ist in den Keimlingen 20-mal so hoch!

Sprossen und Keimlinge enthalten alle wichtigen Mineralstoffe, sekundären Pflanzenstoffe, Enzyme und Vitamine. Die Getreidesprossen enthalten zudem einen hohen Vitamin-B-Anteil. Bitte beachten Sie: In der gekeimten Form sind Getreide beim Basenfasten erlaubt – sonst nicht.

Wenn Sie sich die Sprossen regelmäßig selbst ziehen und Samen aus biologischem Anbau verwenden, dann haben Sie Ihren Vitalstoffhaushalt schnell im Griff. Die Sprossenzucht ist eigentlich ganz einfach – es gibt inzwischen unzählige Gefäße und Vorrichtungen dafür. Ich persönlich bevorzuge das Sprossenglas der Firma Eschenfelder – es ist leicht zu handhaben und leicht zu reinigen.

- Beginnen Sie mit großen, leicht zu keimenden Samen, die nicht schleimen, wie Sonnenblumenkernen, Linsen, Kichererbsen. So haben Sie von Anfang an viel Freude an Ihren Keimlingen.

Es gibt aber auch immer mehr Firmen, die fertige Sprossen und Keimlinge anbieten, was natürlich viel bequemer ist. Bei Sprossen, die Sie in Geschäften oder auf dem Markt kaufen, müssen Sie aufpassen: Wenn Sie einige Tage alt sind, schimmeln sie gerne. Bei Keimlingen in einer Papierschale ist der Frischezustand leichter erkennbar.

▲ Keimlinge können Sie ganz leicht selbst züchten.

Basometer: Alle Basenfasten-Nahrungsmittel auf einen Blick ▶

Samen, Keime, Sprossen

Samen	Wertvolle Inhaltstoffe	Wirkung
Alfalfa (Luzerne)	*	*
Amaranth	*	*
Bockshornklee	*	*
Brokkoli	Bioaktive Stoffe, Vitamin C	entgiftend
Buchweizen	*	*
Dinkel	*	*
Erbsen (Erbsenspargel)	*	*
Fenchelsamen	*	*
Gerste	*	*
Hafer	*	*
Hirse	Silizium	*
Kichererbsen	*	*
Koriandersamen	*	*
Kresse	Vitamin C	*
Leinsamen	ungesättigte Fettsäuren	*
Linsen	*	*
Mungobohnen	B-Vitamine, Vitamine A, C, E Kalzium, Eisen, Kalium, Phosphor	*
Radieschen	*	*
Reis	Vitamin C, B-Vitamine, Kalzium Eisen, Zink, Kalium, Mangan, Phosphor	*
Rettich	*	entschleimend, entgiftend
Rosabi (Kohlrabiart)	*	*
Rotklee	*	*
Rukola	*	*
Sesam, ungeschält	Kalzium	*
Senf	*	entgiftend
Sojabohnen	*	
Sonnenblumenkerne	ungesättigte Fettsäuren, B-Vitamine, Vitamine D, E, F, K, Proteine, Mangan, Kupfer, Phosphor	*
Weizen	Vitamin B, Proteine	*
Zwiebelsprossen	*	*

So funktioniert Basenfasten plus

Sonstige Nahrungsmittel

Nahrungsmittel	Wertvolle Inhaltstoffe
Algen (Nori, Wakame, Hijiki, Chlorella, Spirulina)	Jod, Kalzium, Eisen
Blütenpollen	Vitalstoffkonzentrat
Erdmandelflocken (Chufas Nüssli)	Ballaststoffe
Hanfsamen, geröstet	*
Hefeflocken	*
Kanne Brottrunk	*
Kürbiskerne	Magnesium, Eisen, Kupfer, Mangan
Kürbiskernmus	*
Leinsamen, -schrot	Magnesium, Eisen, Mangan, Vitamin E
Mandeln	Kalzium, Magnesium, Eisen, Mangan, Vitamin E
Mandelmus	Kalzium, Magnesium, Eisen, Mangan
Mohnsamen	Magnesium, Eisen, Zink, Kupfer, Mangan
Ölsaatenmischung	*
Sesam	Kalzium, Magnesium, Eisen, Zink, Kupfer, Mangan
Sesamsalz (Gomasio)	*
Sonnenblumenkerne	Magnesium, Eisen, Zink, Kupfer, Mangan, Vitamin E
Sonnenblumenkernmus	Magnesium, Eisen, Zink, Kupfer, Mangan
Tahin (Sesammus)	Kalzium, Magnesium, Eisen, Zink, Kupfer, Mangan
Umeboshi-Aprikosen	*
Walnüsse (frische)	Magnesium, Mangan, Fluor

Basometer: Alle Basenfasten-Nahrungsmittel auf einen Blick ▶

Basische Fertiggerichte

Fertiggericht	Hersteller	Wo erhältlich
Apfelmus ohne Zucker	Eden	Reformhaus
Aprikosen im Glas	Morgenland	Naturkostladen
Asiatische Pilzmischung im Glas	Alber	Naturkostladen
Basilikum in Olivenöl	La Selva	Naturkostladen
Brechbohnen im Glas	Bergquell	Naturkostladen
Champignons im Glas	Alber	Naturkostladen
Crema di Paprika	Rapunzel	Naturkostladen
Feigen im Glas	Morgenland	Naturkostladen
Dillgurken ohne Essig	Eden	Reformhaus
Grapefruit im Glas	Morgenland	Naturkostladen
Kalamata-Oliven (schwarz) in Salzlake	Rapunzel	Naturkostladen
Kürbiskerncreme	Eisblümerl	Naturkostladen
Manaki-Oliven (grün) in Olivenöl	Rapunzel	Naturkostladen
Möhren im Glas	Demeter	Naturkostladen
Mohnaufstrich	Eisblümerl	Naturkostladen
Olivenpaste	Rapunzel	Naturkostladen
Pfirsiche im Glas	Morgenland	Naturkostladen
Pfifferlinge im Glas	Alber	Naturkostladen
Pflaumen im Glas	Morgenland	Naturkostladen
Rote Bete, vorgekocht	*	Wochenmarkt, Bioläden, Supermärkte
Rotkohl, vorgekocht	*	Wochenmarkt
Rukolapesto ohne Knoblauch	La Selva	Naturkostladen
Sauerkirschen im Glas	Morgenland	Naturkostladen
Sonnenblumenkernmus	Monki	Bioladen
Steinpilze im Glas	Alber	Naturkostladen
Tahin (Sesampaste)	*	Reformhaus, Naturkostladen
Tiefkühlgemüse natur, ohne Butter, Sahne und Knoblauch	*	Bioläden, Supermärkte
Verde pesto ohne Knoblauch	La Selva	Naturkostladen

So funktioniert Basenfasten plus

Öle

Öle	Wertvolle Inhaltsstoffe
Arganöl (auch geröstet)	ungesättigte Fettsäuren, Vitamin E
Leinöl	Omega-3-Fettsäuren, Vitamin E
Distelöl	ungesättigte Fettsäuren, Vitamin E
Hanföl	Omega-3-, Omega-6-, Omega-9-Fettsäuren
Haselnussöl (auch geröstet)	ungesättigte Fettsäuren, Vitamin E
Kürbiskernöl	ungesättigte Fettsäuren, Vitamin E
Maiskeimöl	ungesättigte Fettsäuren, Vitamin E
Mandelöl	ungesättigte Fettsäuren
Olivenöl	ungesättigte Fettsäuren, Vitamin E, Vanadium
Rapsöl, Rapskernöl	ungesättigte Fettsäuren, Vitamin E
Sesamöl (auch geröstet)	ungesättigte Fettsäuren, Vitamin E, Kalzium
Sonnenblumenöl	ungesättigte Fettsäuren, Vitamin E, Vanadium
Traubenkernöl	ungesättigte Fettsäuren, Vitamin E
Walnussöl	ungesättigte Fettsäuren, Vitamin E
Weizenkeimöl	ungesättigte Fettsäuren, Vitamin E

Basometer: Alle Basenfasten-Nahrungsmittel auf einen Blick

Empfehlenswerte Wässer

Wasser	Wo erhältlich
Aqua Panna	Italienische Restaurants
Lauretana	Naturkostläden, Reformhäuser
Mont Roucous	Reformhäuser
Plose-Wasser	Naturkostläden, Reformhäuser, Restaurants

Teesorten

Wasser		Wo erhältlich
Abendtraum	Lebensbaum	Naturkostläden
Kräutertraum	Lebensbaum	Naturkostläden
Morgengruß	Lebensbaum	Naturkostläden
Haustee	Lebensbaum	Naturkostläden
Everstaler	Everstaler	Reformhäuser
24 Kräutertee Basen-Balance	Salus	Reformhäuser

So – nun wissen Sie, was Sie alles beim Basenfasten essen und trinken dürfen. Es ist doch eine ganze Menge. Vieles kennen Sie vielleicht gar nicht – ich wünsche Ihnen viel Spaß beim Entdecken neuer Lebensmittel. Und nun kann es losgehen.

1 Woche Basenfasten plus

In diesem Kapitel finden Sie neben Rezeptvorschlägen für eine 100% basische Woche auch die Schüßler-Salze, die Sie beim Basenfasten unterstützen.

1 Woche Basenfasten plus

1 Woche entsäuern – legen Sie los!

Unterstützt mit den passenden Schüßler-Salzen ist Basenfasten
das Powerpack zur Entsäuerung und Entgiftung.

Das Schöne an einer Basenfastenwoche: Sie dürfen sich Ihre Rezepte selbst aussuchen und auch die Essmengen selbst bestimmen. Basenfasten funktioniert – ob Sie nun eine Kartoffel mehr oder weniger essen. Wichtig ist, dass Sie sich an die Wacker-Regeln und an die 100% basische Kost halten:

■ Essen Sie beim Basenfasten etwa 20% Obst und 80% Gemüse. Planen Sie Ihre Rohkostgerichte zum Frühstück und Mittagessen ein und essen Sie am Abend ein gedünstetes Gemüsegericht oder eine Suppe.

Wie in allen meinen Büchern finden Sie hinter jedem Rezept einen Hinweis auf die empfohlene Jahreszeit. Das ist ein ganz wesentlicher Punkt beim Basenfasten, und ich kann meine Leser und Kursteilnehmer nur immer wieder bitten, die Jahreszeiten der Obst- und Gemüsesorten zu beachten! Was passiert, wenn Sie das nicht einhalten? Unsere Stoffwechselleistungen verändern sich mit den Jahreszeiten. Im Sommer ist der Stoffwechsel am aktivsten, auch unser Gemüt ist im Sommer oft aufgehellter, was vermutlich mit der Stoffwechselaktivierung durch die vermehrte Sonneneinstrahlung zusammenhängt. Das Verdauungssystem ist ebenfalls aktiver: Beeren, Tomaten und vor allem Rohkost sind deshalb im Sommer viel verträglicher. Die Früchte und Gemüse des Sommers verderben sehr schnell, sie haben einen hohen Vitamin- und Wassergehalt – schneller Verzehr ohne lange Lagerung empfiehlt sich daher. Im Winter dagegen schaltet der Stoffwechsel auf Reserve, denn das Nahrungsangebot der Natur ist nur sehr gering. Die Gemüsesorten des Winters sind daher auf »Speicherung« eingestellt, denn sie müssen die Nährstoffe einen Winter lang halten.

■ Essen Sie die Obst- und Gemüsesorten, die zu der jeweiligen Jahreszeit reif sind – die Buchstaben hinter den Rezepten geben Hinweise.

Auch außerhalb der Basenfastenzeit erleichtern Sie damit Ihrem Körper seine Stoffwechselaufgaben enorm und tragen so zu Ihrer Gesundheit bei. Wenn Sie sich dabei auf heimisches Obst und Gemüse konzentrieren, leisten Sie auch noch einen Beitrag zum Klimaschutz und schonen Ihren Geldbeutel.

Basenfasten plus: 1 Woche auf einen Blick

Das Basenfasten-Programm

Beim Basenfasten-plus-Programm sind Sie rundum mit lebenswichtigen Nährstoffen versorgt – unterstützt mit den richtigen Schüßler-Salzen, die ich Ihnen ab Seite 50 ausführlich vorstelle. Voraussetzung ist, dass Sie ihren Speiseplan abwechslungsreich gestalten – jede Menge Rezeptideen finden Sie auf den folgenden Seiten:

- Frühstück: Ideal ist eine kleine Obstmahlzeit – möglichst roh – oder ein frisch gepresster Saft.
- Mittagessen: Ein bunter Rohkostsalat, auch Gemüse (roh oder gekocht).
- Abendessen: Eine Gemüsesuppe oder gekochtes Gemüse.
- Zwischenmahlzeiten: Falls nötig Mandeln, Trockenfrüchte, Oliven.
- Getränke: Trinken Sie 2–3 Liter pro Tag Quellwasser, warm oder kalt. Auch stark verdünnte Kräutertees sind erlaubt.
- Darmreinigung: Reinigen Sie den Darm alle 2–3 Tage mit Glaubersalz, mit einem Einlauf oder mit Colon-Hydro-Therapie.
- Bewegung: Legen Sie sich jeden Tag ein mindestens 30-minütiges Bewegungsprogramm zurecht: Laufen, Walken, Schwimmen oder Joggen.
- Erholung: Entstressen Sie! Legen Sie sich abends in die Wanne mit einem Basenbad, vereinbaren Sie einen Massagetermin, gehen Sie in die Sauna.

Schüßler-Salze zur Unterstützung

Zusammen mit Basenfasten bilden Schüßler-Salze das Powerpack gegen Säuren und Schlacken. Außerdem verschwindet das ein oder andere basenfastenbedingte Wehwehchen mit Schüßler-Salzen im Nu. Zur allgemeinen Unterstützung der Entsäuerung dienen die folgenden Salze, die Sie vor den Mahlzeiten einnehmen und auf der Zunge zergehen lassen sollten:

- Vor dem Frühstück 2 Tabletten Nr. 9 (Natrium phosphoricum) D 6 – regt die Nieren an zu entgiften und die überschüssigen Säuren auszuscheiden.
- Vor dem Mittagessen 2 Tabletten Nr. 11 (Silicea) D 12 – zur Entgiftung des Bindegewebes und der Nieren.
- Am Nachmittag 2 Tabletten Nr. 6 (Kalium sulfuricum) D 6 zur Entgiftung der Leber.
- Vor dem Abendessen 2 Tabletten Nr. 10 (Natrium sulfuricum) D 6 – regt den gesamten Stoffwechsel an, Gifte auszuscheiden, regt den Leberstoffwechsel an.

Wenn Sie nur eines der Mittel einnehmen möchten, lassen Sie davon vor den Mahlzeiten 2 Tabletten im Munde zergehen. Welche Schüßler-Salze bei eventuellen Nebenreaktionen helfen, erfahren Sie ab Seite 127.

1 Woche Basenfasten plus

Basische Frühstücksideen

Je nach Appetit haben Sie morgens die Auswahl zwischen Obst, frisch gepresstem Saft oder einem basischen Müsli.

Es soll Menschen geben, die morgens keinen Hunger haben. Die gute Nachricht: Auch beim Basenfasten *müssen* Sie nicht frühstücken, wenn Sie es nicht gewohnt sind. Es reicht, wenn Sie einen Becher heißes Wasser zur Anregung der Entgiftung und der Verdauungstätigkeit trinken. Wenn Sie morgens eine Kleinigkeit zu sich nehmen möchten, reicht es völlig, wenn Sie ein bis zwei Obstsorten essen. Aber Vorsicht: Nehmen Sie sich nicht zu viel Obst vor, wenn Sie morgens nicht sehr hungrig sind – es genügt ein kleiner Obstsalat. Auch ein frisch gepresster Saft ist ideal: Er bringt Vitalstoffpower für den Tag und macht munter. Wenn Sie morgens ihre zwei Brötchen gewohnt sind und sich nicht vorstellen können, nur von Obst satt zu werden, dann ist ein basisches Müsli genau das Richtige für Sie.

Für Morgenmuffel: Ingwertee

Zutaten für 1 Person

1 Stück frische Ingwerwurzel
1 Tasse Wasser

▎ Zubereitungszeit: 1 Minute

▎ Von einem Stück frischer Ingwerwurzel (Gemüseabteilungen, Wochenmärkte) ein 3–4 cm langes Stückchen abschneiden, schälen und in dünne Scheiben schneiden.

▎ Die Scheiben in einen Teebecher geben und siedendes Wasser darübergießen. Nach 3–5 Minuten können Sie den Ingwertee trinken.

Tipp
Ingwertee ist das ideale Morgengetränk für alle, die morgens nichts runterkriegen. Essen Sie einfach als 2. Frühstück einen Apfel, eine Banane oder eine Karotte.

Basische Frühstücksideen

Einfaches Obstfrühstück (F, S, H, W)

▌ Zubereitungszeit: 2 Minuten

▌ Sie können das Obst natürlich einfach so essen. Genussvoller und appetitlicher ist es, wenn Sie es schneiden, auf einem Teller anrichten und mit ein paar Blättchen Pfefferminze oder Zitronenmelisse dekorieren.

Zutaten für 2 Personen

2–3 Obstsorten je nach Jahreszeit, im Winter beispielsweise
2 Bananen und 1 Apfel, im Sommer und Herbst Beeren, Trauben, Pfirsiche, Pflaumen

Tipp

Kaufen Sie sich einen Topf mit Zitronenmelisse für die Fensterbank. Die Blätter sind eine erfrischende Beigabe zu Obstsalaten und können zu Obst und Gemüse in den Entsafter gegeben werden. Frisch oder getrocknet sind sie auch als Tee geeignet.

Beerenobstsalat mit Zitronenmelisse (S)

▌ Zubereitungszeit: 10 Minuten

▌ Die Beeren waschen und abtropfen lassen, die Erdbeeren halbieren, die Banane schälen und in kleine Scheiben schneiden.

▌ Den Zitronensaft über dem Obst verteilen und alle Zutaten vermischen.

Zutaten für 2 Personen

3 Obstsorten der Saison, beispielsweise im Frühsommer Erdbeeren, Himbeeren
1 reife Banane
Saft einer halben Zitrone
einige frische Blätter Zitronenmelisse

Tipp

Nur wenn die Banane und die Beeren wirklich reif sind, hat der Obstsalat seinen typischen süßen Geschmack und Sie vermissen den Zucker nicht.

99

Brombeer-Pfirsich-Frühstück (H)

Zutaten für 2 Personen

- 2 reife Pfirsiche oder Nektarinen
- 2 Handvoll reife Brombeeren

▌ Zubereitungszeit: 5 Minuten

▌ Die Pfirsiche waschen, entkernen und in kleine Stücke schneiden. Die Brombeeren waschen, abtropfen lassen und über die Pfirsiche verteilen.

Sommerliche Melonenfruchtschale (S)

Zutaten für 2 Personen

- 1 kleine reife Netzmelone
- je 1 Handvoll frische Himbeeren und Heidelbeeren
  einige frische Pfefferminzblätter

▌ Zubereitungszeit: 8 Minuten

▌ Die Melone achteln, schälen, die Kerne im Innern mit einem Löffel herausschälen und das Fleisch in kleine Stücke schneiden. Die Beeren und die Pfefferminzblätter waschen, abtropfen lassen und vorsichtig mit den Melonen vermengen.

Ananashake mit Minze und Kiwi (W, F)

Zutaten für 2 Personen

- 1 reife Flugananas
- 3 reife Kiwis
  einige Blätter frische Pfefferminze

▌ Zubereitungszeit: 5 Minuten

▌ Die Ananas schälen, den Strunk entfernen, das Fruchtfleisch etwas zerkleinern und in den Mixer geben. Die Kiwis und die Pfefferminzblätter ebenfalls in den Mixer geben.

Basische Frühstücksideen ▶

Bananenshake mit Brombeeren (S, H)

▪ Zubereitungszeit: 5 Minuten

▪ Die Bananen schälen, in den Mixer geben und zerkleinern. Die Brombeeren waschen, mit den Pfefferminzblättern und zu der Bananenmischung geben und ebenfalls durchmixen.

Zutaten für 2 Personen

| 3 | Bananen |
| 500 g | frische Brombeeren, einige Blätter frische Pfefferminze |

Tipp
Der Shake schmeckt nur gut, wenn Sie sehr reife Früchte verwenden. Halbwegs reife Brombeeren schmecken sehr sauer und die wertvollen blauen Farbstoffe haben nur die halbe Wirkung.

Mangotraum (S)

▪ Zubereitungszeit: 5 Minuten

▪ Die Mangos schälen und über der Schüssel in kleine Stücke schneiden, damit der Saft nicht verloren geht. Die Himbeeren und die Zitronenmelisseblätter abwaschen und über den Mangostücken verteilen.

Zutaten für 2 Personen

2	sehr reife Flugmangos
1	Hand voll reife Himbeeren
3–5	Blättchen frische Zitronenmelisse

Tipp
Für dieses Rezept habe ich die Mangosorte »Amelie« verwendet – eine sehr reife, kurzfaserige, biologisch-dynamische Flugmango. Flugobst wird im Flugzeug angeliefert, hat also einen kürzeren Reiseweg und kann entsprechend reif geerntet werden. Sie können natürlich auch Ware kaufen, die auf dem Schiffsweg eingeführt wurde – achten Sie dann bitte darauf, dass sie reif ist.

1 Woche Basenfasten plus

Kalzium und Vitamine A, C und E!

Johannisbeer-Karotten-Saft (S)

Zutaten für 2 Personen

- 3 Äpfel
- 2 Karotten
- ½ Schale schwarze Johannisbeeren
- 1 EL Sesamöl oder
- 1 EL Sesamsaat

▍ Zubereitungszeit: 9 Minuten

▍ Die Äpfel waschen, zerkleinern und entkernen. Die schwarzen Johannisbeeren waschen und abtropfen lassen. Abwechselnd Apfelstücke und schwarze Johannisbeeren in den Entsafter geben. Das Öl unterrühren.

Tipp

Wenn Sie Sesamsaat verwenden, können Sie die Samen mit den Apfel- und Karottenstücken in den Entsafter geben.

Jede Menge Vitamin C!

Jostabeerensaft (S)

Zutaten für 2 Personen

- 1 Schale Jostabeeren
- 1 Apfel
- 1 Karotte
- 1 EL Sonnenblumenkerne

▍ Zubereitungszeit: 9 Minuten

▍ Die Jostabeeren waschen und abtropfen lassen. Den Apfel waschen und zerkleinern. Die Karotte waschen, den Strunk entfernen und in große Stücke schneiden. Alle Zutaten abwechselnd in den Entsafter geben.

Tipp

Jostaberen sind eine Kreuzung aus Johannis- und Stachelbeeren. Damit die weichen Beeren keinen »Saftstau« verursachen, sollten Sie sie abwechselnd mit den härteren Karotten und Äpfeln in den Entsafter geben.

Basische Frühstücksideen ▶

Apfel-Zitronenmelisse-Saft (F, S, H, W)

▪ Zubereitungszeit: 5 Minuten

▪ Die Äpfel waschen und mit dem Apfelschneider in Achtel teilen. Zuerst die Zitronenmelisseblätter, dann die Apfelstücke in den Entsafter geben und auspressen. Mit den Zitronemelisseblättern verziert servieren.

Zutaten für 2 Personen

4	knackige Äpfel
2	Hand voll frische Zitronenmelisse (2 Blättchen zur Verzierung zurückbehalten)

Tipp
Wenn Sie Äpfel aus biologischem Anbau verwenden, brauchen Sie sie nicht zu schälen.

Powerfrühstück: Viel Kalzium und Vitamin A!

Kohlrabi-Karotten-Saft (F, S, H, W)

▪ Zubereitungszeit: 5 Minuten

▪ Die Kohlrabi und die Karotten unter fließendem Wasser mit der Gemüsebürste abbürsten und in mittelgroße Stücke schneiden, sodass sie in den Entsafter passen.

▪ Zuerst die Sesamsamen und die Sonnenblumenkerne, dann die Gemüsestücke in den Entsafter geben. Zum Schluss das Sonnenblumenöl unter den Saft mischen.

Zutaten für 2 Personen

2	kleine Kohlrabi
2	mittelgroße Karotten
2 EL	Sesamsaat
1 EL	Sonnenblumenkerne
1 EL	Sonnenblumenöl

Tipp
Verwenden Sie Gemüse aus biologischem oder biologisch-dynamischem Anbau – so können Sie die Schale und ihre wertvollen Vitalstoffe mit trinken.

1 Woche Basenfasten plus

Jede Menge Ballaststoffe!

Basisches Müsli (F, S, H, W)

Zutaten für 2 Personen

- 2 Bananen
- 1 Apfel
- 1 Birne oder anderes Obst der Saison
- 4 TL Chufas Nüssli
- Saft einer Zitrone
- 2 EL Mandelblättchen

▌ Zubereitungszeit: 10–15 Minuten, je nach Zutaten

▌ Eine Banane zerdrücken, einen geriebenen Apfel oder anderes Obst dazu geben. Die andere Banane in Scheiben schneiden. Die Birne waschen und in kleine Stückchen schneiden. Die Mandelblättchen zusammen mit Chufas Nüssli untermengen. Mit dem Zitronensaft übergießen.

Variationen

▌ Anstelle der Mandeln können Sie auch 2 TL Mandelmus verwenden.

▌ Anstelle der Chufas Nüssli passen auch einige Sonnenblumenkerne, Blütenpollen oder 2 TL geschrotete Leinsamen.

▌ Besonders milde Sprossensorten wie etwa Linsenkeimlinge schmecken im Müsli ebenfalls hervorragend.

▌ Wenn Sie im Sommer basenfasten, gibt es eine Menge herrlicher Beerenfrüchte wie Himbeeren, Erdbeeren, Heidelbeeren, Brombeeren, die sich hervorragend für das basische Müsli eignen.

Tipp
Chufas Nüssli (Erdmandelflocken) sind Wurzelknöllchen, die vom Aussehen her an Mandeln erinnern. Sie sind sehr ballaststoffreich und enthalten viel Vitamin E und B-Vitamine. Reformhäuser und auch manche Naturkostläden haben sie vorrätig.

Zwischenmahlzeiten

Wenn einen »der kleine Hunger zwischendurch« überfällt, kann man ihm nachgeben – oder ihn überlisten.

Zwischenmahlzeiten *müssen* Sie nicht zu sich nehmen, sie sind aber für den kleine Hunger durchaus angebracht und helfen, mit Gelüsten fertig zu werden. Bevor Sie jedoch zu einem basischen Snack greifen, halten Sie kurz inne: Trinken Sie erst etwas – beispielsweise einen Schluck Wasser oder etwas Kräutertee. Meist ist der Magen damit erst einmal beruhigt, und Sie können noch ein oder zwei Stunden warten, bis Sie etwas essen.

Vormittags:
- Obst der Saison
- Rohes Gemüse, z. B. eine Karotte, einen Kohlrabi
- Ein frisch gepresster Saft aus Obst und/oder Gemüse
- Basische Snacks wie Mandeln, ungeschwefeltes Trockenobst

Nachmittags:
- Mandeln
- Ungeschwefeltes Trockenobst
- Grüne oder schwarze Oliven

1 Woche Basenfasten plus

Basisches Mittagessen

Mittags steht ein knackiger Salat und eventuell ein kleines Gemüsegericht auf dem Programm.

Prinzipiell können Sie mittags auch etwas Warmes, das heißt etwas Gekochtes essen – Rezepte hierzu finden Sie unter Abendessen ab Seite 111. Ideal ist es allerdings, einmal am Tag eine Gemüserohkost zu essen – etwa Salat. Da Sie Rohkost nur bis 14 Uhr zu sich nehmen sollten, gehört der tägliche Salat *mittags* auf den Tisch. Sie finden in diesem Buch zwei neue Salatdressings, können aber selbstverständlich die basischen Dressings aus unseren anderen Büchern verwenden, wenn Ihnen diese besser schmecken.

▌ Wenn Ihnen ein Salat nicht genügt, essen Sie anschließend noch ein kleines Gemüsegericht – das ist besser als abends zu große Portionen.

Basische Salatdressings

Zutaten für 2 Personen

Basilikumdressing (S, H):
- 2 EL kaltgepresstes Olivenöl
- Saft einer halben Zitrone
- etwas weißer Pfeffer
- 10–15 Basilikumblätter

Petersiliendressing (F, S, H, W):
- 2 EL Sonnenblumenöl
- 1 kleiner Bund krause Petersilie
- Saft einer halben Zitrone
- 1 Prise Salz
- 1 Prise Klosterküchengewürz von Brecht (Reformhaus)
- 1 Prise gemahlener schwarzer Pfeffer
- 1 kleine Schalotte

▌ Zubereitungszeit: 5 Minuten

▌ Basilikum bzw. die Petersilie waschen und mit dem Wiegemesser sehr fein hacken, die Schalotte sehr fein hacken. Das Öl sowie die jeweiligen übrigen Zutaten dazugeben und vermischen.

Basisches Mittagessen ▶

Bataviasalat mit Rotkohlsprossen (F, S, H)

▌ Zubereitungszeit: 10 Minuten

▌ Den Bataviasalat waschen, klein zupfen und abtrocknen lassen. Das Basilikumdressing zubereiten und mit den Bataviablättern vermischen. Die Rotkohlsprossen locker über dem Salat verteilen.

Variationen
Anstelle von Rotkohlsprossen können Sie auch Brokkolisprossen oder Rukolasprossen verwenden. Diese und viele andere Sprossensorten gibt es in gut sortierten Naturkostläden in Papierschalen, beispielsweise auch Gartenkresse.

Zutaten für 2 Personen

1	Bataviasalat
1	Hand voll Rotkohlsprossen
	Zutaten für das Basilikumdressing

Eichblattsalat mit Navets-Rübchen (H, W, F)

▌ Zubereitungszeit: 15 Minuten

▌ Die Blätter des Eichblattsalates waschen und abtropfen lassen. Das Navets-Rübchen waschen, schälen und auf dem Gemüsehobel mittelfein raspeln. Das Petersiliendressing dazugeben und alle Zutaten vermischen. Mit Brokkolisprossen garniert servieren.

Zutaten für 2 Personen

1	kleiner Eichblattsalat
1	kleines Navets-Rübchen
2 EL	Brokkolisprossen (wahlweise Radieschensprossen)
	Zutaten für das Petersiliendressing

Tipp

Brokkolisprossen gibt es in vielen Naturkostläden und Naturkostsupermärkten fertig zu kaufen. Auch auf Wochenmärkten sind sie hin und wieder zu finden. Achten Sie unbedingt auf das Haltbarkeitsdatum! Abgelaufene Ware kann Schimmelansätze haben.

107

1 Woche Basenfasten plus

Power fürs Blut!

Eichblattsalat mit Limonenseitlingen (F)

Zutaten für 2 Personen

1	kleiner Eichblattsalat
1	Hand voll Limonenseitlinge
	Saft einer halben Zitrone
	einige Blätter frische Glattpetersilie
1 EL	Sesamsaat
4 EL	Olivenöl
	etwas Kräutersalz

▎ Zubereitungszeit: 15 Minuten

▎ Eichblattsalat klein zupfen, waschen und abtrocknen lassen. Die Limonenseitlinge grob säubern, ohne sie zu waschen, die größeren Pilze in kleine Streifen schneiden, die kleinen Pilze ganz lassen. Die Seitlinge in 2 EL Olivenöl wenige Minuten andünsten und abkühlen lassen.

▎ Die Glattpetersilie waschen, abtropfen lassen, sehr klein hacken und zu den noch warmen Seitlingen geben. Einige Spritzer Zitronensaft, Sesamsaat dazugeben und alles vorsichtig untermischen.

▎ Aus dem restlichen Olivenöl, dem Zitronensaft und dem Kräutersalz ein Dressing herstellen und unter die Eichblattblätter mischen. Die marinierten Seitlinge locker über dem Salat verteilen. Schmeckt köstlich!

GUT ZU WISSEN

Was sind Seitlinge?

Seitlinge sind Zuchtpilze und daher frei von radioaktiven Belastungen, wie dies bei Waldpilzen immer noch der Fall ist. Seitlinge haben ein sehr intensives Aroma und verfeinern jedes Gericht. Sie finden sie in gut sortierten Naturkost- und Feinkostläden. Zwar sind Egerlinge eine gute Alternative, aber wenn Sie einmal auf den Geschmack gekommen sind, werden Sie etwas längere Einkaufswege gerne in Kauf nehmen.

▎ **Kräuterseitling:** Am häufigsten in Geschäften zu finden – sein kräftiges Aroma ist dem der Steinpilze ähnlich. Mir persönlich schmeckt er besser. Glattpetersilie unterstützt sein Aroma.

▎ **Limonenseitling:** Eine leuchtend gelbe Spezialität, etwas milder und fruchtiger im Geschmack als der Kräuterseitling. Durch etwas Zitronensaft wird sein Aroma intensiviert.

▎ **Rosenseitling:** Der rosafarbene Edelpilz verfärbt sich beim Braten orange und entwickelt ein kräftiges Pilzaroma.

Basisches Mittagessen

Rote-Bete-Navets-Salat (H, W, F)

▌ Zubereitungszeit: 15 Minuten

▌ Die Rote Bete schälen, die Navets-Rübchen mit der Gemüsebürste gründlich abwaschen. Beide auf dem Gemüsehobel mittelfein raspeln. Die Sonnenblumenkerne und das Dressing dazugeben und vermischen. Den Salat einen halben Tag durchziehen lassen.

Zutaten für 2 Personen

1	mittelgroße Rote Bete
1	mittelgroßes Navets-Rübchen (Teltower Rübchen)
2 EL	Sonnenblumenkerne

Zutaten für Petersiliendressing

Variationen
▌ Anstelle der Sonnenblumenkerne können Sie auch frische Sonnenblumenkeimlinge verwenden. Die Keimlinge sind besser zu kauen und leichter zu verdauen.
▌ Geben Sie in das Dressing einen Hauch frisch geriebenen Meerrettich – das verfeinert Rote-Bete-Gerichte.

▲ Navets-Rübchen nicht schälen, unter der Schale stecken jede Menge Vitalstoffe.

Vorfrühlingssalat mit Navets (W, F)

▌ Zubereitungszeit: 15 Minuten

▌ Das Navets-Rübchen schälen und fein raspeln. Petersiliendressing zubereiten, mit der Ölsaatenmischung über die Rübchen geben und gut vermischen. Dieser Salat schmeckt besonders lecker, wenn Sie ihn einige Stunden durchziehen lassen. Sie können davon auch eine doppelte Portion auf Vorrat machen.

▌ Erst kurz vor dem Verzehr die Brokkolisprossen darüberstreuen.

Zutaten für 2 Personen

1	mittelgroßes Navets-Rübchen (Teltower Rübchen)
2 EL	Ölsaatenmischung

Zutaten für das Petersiliendressing

1/2	Schälchen Brokkolisprossen

1 Woche Basenfasten plus

Bleichselleriesalat mit Kräutern (F)

Zutaten für 2 Personen

1	kleine Staude Bleichsellerie
1	Frühlingszwiebel
1	mittelgroße Karotte
1	Hand voll frische Kräuter – das Grün des Bleichselleries, Bibernell und Schnittlauch passen gut Zutaten für das Petersiliendressing

▌ Zubereitungszeit: 10 Minuten

▌ Den Bleichsellerie waschen und in feine Scheiben schneiden, ebenso die Frühlingszwiebel. Die Karotte unter fließendem Wasser mit der Gemüsebürste abbürsten und in sehr feine Scheiben schneiden. Die Kräuter waschen, abtropfen lassen und mit dem Wiegemesser zerkleinern. Alles mit dem Petersiliendressing vermischen.

Blattsalat mit Kapuzinerkresseblüten (H)

Zutaten für 2 Personen

2	Portionen Blattsalat vom Wochenmarkt
1	Hand voll Kapuzinerkresseblüten Zutaten für das Basilikumdressing

▌ Zubereitungszeit: 10 Minuten

▌ Den Blattsalat waschen und abtropfen lassen. Das Basilikumdressing zubereiten und unter den Salat mischen. Die Kapuzinerkresseblüten dekorativ auf dem Salat verteilen. Wenn Sie eigene Kapuzinerkresse haben, können Sie auch einige Blätter in dünne Streifen schneiden und dazugeben.

GUT ZU WISSEN

Kapuzinerkresse: dekorativ und gesund

Kapuzinerkresse enthält neben sehr viel Vitamin C auch Kalzium und Senföle, die eine Bakterien- und Pilzwachstum hemmende Wirkung haben. Kapuzinerkresse gibt es als Topfpflanze in Gärtnereien. Am einfachsten sind sie selbst zu ziehen: Die großen Samen gedeihen ab Mai nach dem letzten Frost in jedem Blumentopf oder im Garten. Sie wachsen schnell und auch die Blätter können als Würzmittel zum Salat gegeben werden. Kapuzinerkresseblüten bekommen Sie an gut sortierten Marktständen.

Abendessen

Abends gibt es etwas Warmes, beispielsweise eine leckere Gemüsesuppe oder ein Gemüsegericht mit frischen Kräutern.

Das Abendessen beim Basenfasten ist ein gekochtes Gericht. Essen Sie abends bitte keine zu großen Portionen – eine Gemüsesuppe reicht im Grunde völlig aus. Sie können auch eines der leckeren Gemüsegerichte zubereiten, grundsätzlich sollte jedoch immer das Mittagessen Ihre Hauptmahlzeit darstellen. Zu große Portionen am Abend belasten Ihre Verdauungsorgane und vermindern die Schlafqualität.

Fenchelcremesuppe (W, F)

- Zubereitungszeit: 20 Minuten

- Den Fenchel waschen, die holzigen Stellen entfernen und die Knolle in Achtel schneiden. Die Kartoffeln waschen, schälen und in Scheiben schneiden. Die Schalotte schälen und klein schneiden. Das Sonnenblumenöl erhitzen und die Schalotten darin dünsten.

- Aus dem Wasser und dem Gemüsebrühwürfel eine Gemüsebrühe herstellen. Die Fenchelteile, die Kartoffelscheiben und die Hälfte der Gemüsebrühe zur gedünsteten Schalotte geben und auf mittlerer Stufe weiter erhitzen.

- Wenn die Gemüse gar sind, die Suppe mit dem Zauberstab pürieren und so lange weiter Gemüsebrühe zugeben, bis die Suppe eine schöne cremige Konsistenz erreicht hat. Mit dem Fenchelgrün verziert servieren.

Zutaten für 2 Personen

2	Fenchelknollen
3	Kartoffeln
1	Schalotte
1 EL	Sonnenblumenöl
1	Gemüsebrühwürfel
	etwas Fenchelgrün, weißer Pfeffer,
1	Prise Muskat
	etwas Kurkuma
1 l	Wasser

1 Woche Basenfasten plus

Klare Selleriesuppe (W, F)

Zutaten für 2 Personen

1/2	Staudensellerie
2	mittelgroße Kartoffeln
	etwas Selleriegrün
1	Prise Muskat
	etwas frisch gemahlener Koriander
	einige Stängel Glattpetersilie
	etwas Meersalz
1	Gemüsebrühwürfel
1/2 l	Wasser

▎Zubereitungszeit: 15 Minuten

▎Den Staudensellerie waschen und die holzigen Anteile abschälen. Selleriestangen in fingerlange Stücke schneiden. Die Kartoffeln waschen, schälen und in dünne Scheiben schneiden. Die Zutaten in der Gemüsebrühe garen und mit den Gewürzen abschmecken. Die Glattpetersilie waschen, klein zupfen und gegen Ende der Garzeit dazugeben.

Navetscremesuppe (H, W, F)

Zutaten für 2 Personen

1/2	Staudensellerie
2	mittelgroße Kartoffeln
	etwas Selleriegrün
1	Prise Muskat
	etwas frisch gemahlener Koriander
	einige Stängel Glattpetersilie und andere Kräuter, z.B. Bibernell
	etwas Meersalz
1	Gemüsebrühwürfel
1/2 l	Wasser

Tipp

Die Navets sollten Sie nicht schälen, denn die lilafarbene Schale enthält wertvolle bioaktive Stoffe.

▎Zubereitungszeit: 15 Minuten

▎Navets mit der Gemüsebürste unter fließendem Wasser abreiben und in grobe Scheiben schneiden. Die Kartoffeln waschen, schälen und in Scheiben schneiden. Die Frühlingszwiebel klein schneiden. Das Sesamöl in einem Topf erhitzen und die Zwiebeln darin glasig dünsten.

▎Aus dem Brühwürfel und dem Wasser eine Gemüsebrühe herstellen und die Hälfte dieser Brühe mit den Navets und den Kartoffeln zu den Zwiebeln geben und garen. Die Kräuter waschen, klein hacken und $2/3$ davon gegen Ende der Garzeit dazugeben.

▎Die gegarten Gemüse mit dem Zauberstab pürieren und so lange Gemüsebrühe zugeben, bis die Suppe schön cremig ist. Die restlichen gehackten Kräuter über die Suppe geben und servieren.

Abendessen ▶

Fit mit der Extraportion Eisen!

Auberginengmüse (S, H)

▌ Zubereitungszeit: 20 Minuten

▌ Die Aubergine waschen und den Strunk entfernen. Die Aubergine in etwa 3 cm große Scheiben schneiden. Die Zwiebel schälen und sehr fein würfeln. Die Glattpetersilie waschen und klein schneiden.

▌ Das Olivenöl erhitzen und die Zwiebeln darin glasig dünsten. Die Auberginenstücke dazugeben und kurz dünsten. Zum Schluss die Oliven und die Glattpetersilie zugeben und mit Salz und Kräutern der Provence abschmecken.

Zutaten für 2 Personen

1	mittelgroße Aubergine
1	Handvoll schwarze Kalamata-Oliven in Öl
1	kleine Zwiebel
	einige Blätter Glattpetersilie
	Kräuter der Provence oder einige Blättchen Thymian
2 EL	Olivenöl
	etwas Meersalz

Basischer Kartoffelbrei (F, S, H, W)

▌ Zubereitungszeit: 15 Minuten

▌ Die Kartoffeln waschen und im Gemüsedämpfer garen. (Sie können die Kartoffeln natürlich auch normal in Wasser garen, bedenken Sie aber bitte, dass sie dadurch eine Menge Vitalstoffe verlieren.) Die gegarten Kartoffeln schälen und zerstampfen oder durch die Spätzlepresse drücken.

▌ Das Wasser erhitzen, den Brühwürfel darin auflösen und nach und nach unter die Kartoffelmasse rühren, bis die Masse schön breiig ist. Dazu passen Lauch, Pilze oder Karotten.

Zutaten für 2 Personen

6	große Kartoffeln
1	Gemüsebrühwürfel
1/2 l	Wasser
	etwas Muskat

1 Woche Basenfasten plus

Einfach und schnell!

Fenchelgemüse mit Kartoffeln (H, W, F)

Zutaten für 2 Personen

2	kleine Fenchelknollen
6–8	kleine Kartöffelchen
	etwas Cenofis Bio
2 EL	Sesam- oder
	Sonnenblumenöl
	etwas Fenchelgrün

Tipp

Kleine Kartoffelsorten sind beispielsweise La Ratte, Amandine, Bamberger Hörnchen oder neue kleine Galatina Sieglinde.

▌ Zubereitungszeit: 15 Minuten

▌ Die Fenchelknollen waschen und die holzigen Stellen der äußeren Schale entfernen. Die kleinen Fenchelknollen halbieren (größere vierteln). Die Kartoffeln waschen, mit der Gemüsebürste reinigen und halbieren.

▌ Die Fenchelteile und die Kartoffeln im Gemüsedämpfer 8–10 Minuten garen. Zum unerhitzten Öl etwas Cenofis oder ein anderes Kräutersalz geben und die gegarten Gemüse darin wälzen. Mit Fenchelgrün garniert servieren.

Das Plus an Eisen!

Grüne Bohnen mit Kräuterseitlingen (H, W, F)

Zutaten für 2 Personen

300 g	grüne Bohnen
1	kleine Schalotte
300 g	Kräuterseitlinge
	einige Stängel Bohnenkraut
	weißer Pfeffer
	etwas Piment
2 EL	Olivenöl
$1/2$	Gemüsebrühwürfel
	etwas Wasser

▌ Zubereitungszeit: 20 Minuten

▌ Die Bohnen waschen, die Enden abschneiden und die Bohnen halbieren. Die Kräuterseitlinge soweit nötig etwas säubern – ohne Wasser – und die größeren Pilze klein schneiden. Die Schalotte schälen und klein würfeln.

▌ Die Bohnen mit dem Bohnenkraut im Gemüsedämpfer garen. Das Olivenöl erhitzen, die Schalotte und die Kräuterseitlinge darin kurz andünsten. Vom Herd nehmen, mit den gegarten Bohnen vermischen und abschmecken. Dazu passen 2 Pellkartoffeln.

Abendessen

Kartoffelspätzle (F, S, H, W)

■ Zubereitungszeit: 20 Minuten

■ Die Kartoffeln im Gemüsedämpfer garen, schälen und durch die Spätzlepresse drücken. Mit etwas Kräutersalz gewürzt servieren. Dazu passt im Grunde jedes Gemüse – beispielsweise Paprikagemüse mit schwarzen Oliven. Oder machen Sie sich einfach 2–3 Karotten dazu.

Zutaten für 2 Personen

5   mittelgroße festkochende Kartoffeln
    etwas Kräutersalz

Gegen freie Radikale!

Kräuterseitlinge mit Brokkoli (H, W, F)

■ Zubereitungszeit: 15 Minuten

■ Die Kräuterseitlinge in dünne Scheiben schneiden, den Brokkoli waschen und die Röschen klein zupfen. Die halbe Schalotte schälen, in kleine Würfelchen schneiden und im Sonnenblumenöl glasig werden lassen. Die Brokkoliröschen und die Kräuterseitlinge dazugeben und kurz andünsten.

■ Den halben Gemüsebrühwürfel in etwa $1/8$ Liter Wasser auflösen und dazugeben. Wenige Minuten weiterdünsten lassen und vom Herd nehmen, solange die Brokkoliröschen noch grün sind (al dente).

Zutaten für 2 Personen

3   mittelgroße Kräuterseitlinge
1   mittelgroßer Brokkoli
$1/2$ Schalotte
$1/2$ Gemüsebrühwürfel
2 EL Sonnenblumenöl

Tipp
Wenn Sie die Kräuterseitlinge so verarbeiten wie in diesem Rezept, dann benötigen Sie außer dem halben Gemüsebrühwürfel keine weiteren Gewürze – noch nicht einmal Salz. Der Geschmack ist perfekt!

1 Woche Basenfasten plus

Lauchgemüse mit Karotten (F, S, H, W)

Zutaten für 2 Personen

2	Stangen Lauch
2	mittelgroße Karotten
2 EL	Sesamöl
	etwas Kräutersalz
	weißer Pfeffer
1	Prise Koriander
$1/2$	Hand voll frische Brunnenkresse

Tipp
Statt Brunnenkresse können Sie auch normale Gartenkresse nehmen.

▌ Zubereitungszeit: 20 Minuten

▌ Den Lauch waschen, die äußere Haut abschälen und in dünne Streifen schneiden. Die Karotten waschen, mit der Gemüsebürste abreiben und in kleine Stifte schneiden. Beide Gemüse zusammen im Gemüsedämpfer wenige Minuten garen.

▌ Das frisch gegarte Gemüse in unerhitztem Sesamöl wälzen mit den Gewürzen und den frischen Kräutern abschmecken. Dazu passen 2 Pellkartoffeln.

Viel Vitamin C und Eisen!

Paprikagemüse mit schwarzen Oliven (F, S, H, W)

Zutaten für 2 Personen

je 1	rote, grüne und orange/gelbe Paprika
1	Hand voll schwarze Oliven
2 EL	Olivenöl
	etwas Kräutersalz
1	Prise schwarzer Pfeffer
	einige Blättchen Thymian

▌ Zubereitungszeit: 15 Minuten

▌ Die Paprika waschen, den Strunk herausschneiden und die Paprika in dünne Streifen schneiden. Das Olivenöl erhitzen, die Paprikastreifen darin vorsichtig andünsten und die Gewürze zugeben. Die schwarzen Oliven und die Thymianblättchen gegen Ende der Garzeit dazugeben und untermischen.

Tipp
Schwarze Oliven sollten ihre Färbung nicht durch Zugabe von Eisenglukonat erhalten haben (steht auf der Zutatenliste) – dies kann bei empfindlichen Menschen zu Magenproblemen bis hin zu Verdauungsstörungen führen.

Abendessen ▶

Limonenseitlinge mit Zucchinispaghetti (F, S, H)

▍ Zubereitungszeit: 20 Minuten

▍ Die Zucchini waschen, den Strunk abschneiden und mit der Gemüsespaghettimaschine zu Spaghetti drehen. Die Limonenseitlinge grob säubern, in kleine Scheiben schneiden, die ganz kleinen Seitlinge können ganz bleiben. Die Schalotte schälen und in kleine Würfel schneiden.

▍ Das Olivenöl erhitzen, die Schalotte mit den Limonenseitlingen kurz andünsten. Die Glattpetersilie waschen, abtropfen lassen, mit dem Wiegemesser sehr klein hacken und zu den gedünsteten Limonenseitlingen geben. Die Mischung mit etwas Kräutersalz abschmecken – Limonenseitlinge sind so würzig, dass Sie nur wenig Kräutersalz benötigen.

▍ In einem anderen Topf die restlichen 2 Esslöffel Olivenöl erhitzen, die Zucchinispaghetti darin dünsten und mit etwas Kräutersalz würzen – Vorsicht, die Zucchini sind in Spaghettiform schnell gar. Die Zucchini auf einer Platte anrichten und die Limonenseitlinge darüber verteilen. Dazu passen einige Pellkartoffeln.

Zutaten für 2 Personen

150 g	Limonenseitlinge
	einige Blätter Glattpetersilie
2	kleine Zucchini
1	Schalotte
2 x 2 EL	Olivenöl
	etwas Kräutersalz

Tipp

Sie benötigen für dieses Rezept eine Gemüsespaghettimaschine – wie der Lurch Spirali (gibt es in allen Haushaltsgeschäften und Kaufhäusern). Als Alternative können Sie auch die Zucchini auf einem Gemüsehobel klein raspeln.

1 Woche Basenfasten plus

Vorfrühlingsgemüse mit neuen Kartoffeln (W, F)

Zutaten für 2 Personen

6	kleine neue Kartoffeln (z. B. Galatina und Sieglinde vom Wochenmarkt)
2	mittelgroße Karotten
1	Frühlingszwiebel
	etwas weißer Pfeffer
	etwas Kräutersalz
2 EL	Sonnenblumenöl
1/2	Schälchen frische Brunnen- oder Gartenkresse

▌ Zubereitungszeit: 15 Minuten

▌ Die Kartoffeln waschen, schälen und in kleine Würfel schneiden. Die Karotten unter fließendem Wasser mit der Gemüsebürste abbürsten und in kleine Würfel schneiden. Die Gemüse im Gemüsedämpfer al dente garen. Die Frühlingszwiebel klein würfeln und im Sonnenblumenöl glasig dünsten.

▌ Das im Gemüsedämpfer gegarte Gemüse in der Zwiebel-Öl-Mischung wenden, aber nicht mehr weiter erhitzen. Mit den Gewürzen abschmecken und mit der Brunnenkresse verziert servieren.

Saure Bohnen – Grundrezept (W)

Zutaten für 2 Personen

500 g	saure Bohnen
2	Tassen Wasser

▌ Zubereitungszeit: 20 Minuten

▌ Michsauer vergorene Bohnen gibt es abgepackt in 500-g-Beuteln zu kaufen. Die Bohnen abtropfen lassen – wenn Sie das Gericht nicht so sauer mögen, spülen Sie die Bohnen im Sieb kurz kalt ab. Das Wasser zum Kochen bringen und die Bohnen darin 15–20 Minuten kochen.

Abendessen

Kartoffelsalat mit sauren Bohnen (W)

- Zubereitungszeit: 15 Minuten

- Zwiebel schälen und würfeln. Die Kochflüssigkeit mit dem Zitronensaft, dem Meersalz, dem Pfeffer und der fein gehackten Petersilie zu einer Marinade vermischen.

- Die Kartoffeln schälen, würfeln und zusammen mit den Bohnen mit der Marinade übergießen und durchziehen lassen. Olivenöl zugeben und abschmecken. Mit den halbierten Tomaten garnieren.

Zutaten für 2 Personen

1/2	Zwiebel
	einige Esslöffel Kochwasser von den sauren Bohnen als Kochflüssigkeit
1 TL	Zitronensaft
1/2 TL	Meersalz
	weißer Pfeffer
3	Stiele glatte Petersilie
250 g	gegarte saure Bohnen
6	Pellkartoffeln
3 EL	Olivenöl
5	Cocktailtomaten

Basisches Rotkraut (W)

- Zubereitungszeit: 15 Minuten

- Die Rosinen im Wasser einige Stunden oder über Nacht einweichen. Den Rotkohl putzen, den Strunk entfernen, in feine Streifen schneiden oder hobeln. Die Zitrone auspressen und zugeben, das Meersalz mit dem Rotkohl mischen und einige Stunden durchziehen lassen.

- Das Öl erhitzen, die Zwiebel schälen, fein würfeln und andünsten. Das Kraut zugeben und andünsten. Den Apfel waschen, entkernen, in Würfel schneiden und zum Kraut zugeben, danach die Rosinen mit Einweichwasser. Die Nelken im Mörser zerkleinern. Die Gewürze sowie die in Scheiben geschnittenen Datteln zugeben und alles in einem geschlossenen Topf bei milder Hitze 35 Minuten garen. Danach mit Salz und Zitronensaft abschmecken. Sonnenblumensprossen darüberstreuen.

Zutaten für 2 Personen

1	Rotkohl (ca. 500 g)
1	Zitrone, 1/2 Teelöffel Meersalz
2 EL	Rosinen
1/2	Tasse Wasser
2 EL	Öl
1	große Zwiebel
1	großer Apfel
3	kleine Nelken
2	Lorbeerblätter,
1/2 TL	Bertramgewürz
1/2 TL	Kardamom
2	Messerspitzen Sternanis, gemahlen
4	Datteln ohne Stein Sonnenblumensprossen

1 Woche Basenfasten plus

Spaghettikürbis mit Tahinsoße (W)

Zutaten für 2 Personen

1	kleiner Spaghettikürbis
3 EL	Tahin (= Sesampaste, z. B. von der Fa. Lima)
2 EL	Zitronensaft
1	Messerspitze Cayennepfeffer
1	Messerspitze schwarzer Pfeffer
2 EL	Sonnenblumenöl
4 EL	Gemüsebrühe
1/2	Bund Schnittlauch
	Kürbiskerne

▌ Zubereitungszeit: 50 Minuten

▌ Den Kürbis in reichlich Wasser ca. 30 Minuten kochen (er muss sich leicht mit einer Gabel einstechen lassen). Die Sesampaste mit dem Zitronensaft, den Gewürzen und dem Öl in einer Schüssel gut verrühren.

▌ Den gegarten Kürbis der Länge nach halbieren, Samen und lose Fäden mit einem Löffel entfernen. Mit einer Gabel die »Spaghetti« herausschaben und in eine flache Schüssel häufen.

▌ Die Gemüsebrühe in einem kleinen Topf erhitzen und zu der Tahin-Soße geben. Diese Sauce über die »Spaghetti« gießen und vermischen. Kürbiskerne in einer trockenen Pfanne anrösten und mit dem feingehackten Schnittlauch über die »Spaghetti« streuen.

Abendessen ▶

Geht ganz schnell!

Backofenkartoffeln mit Rosmarin (F, S, H, W)

▌ Zubereitungszeit: 15 Minuten

▌ Die Kartoffeln mit der Gemüsebürste putzen, abwaschen und halbieren. Rosmarin waschen, hacken und mit dem Kräutersalz mischen. Die Kartoffelschnittflächen mit der Olivenöl-Kräutermischung bestreichen. Im Backofen bei 190 °C etwa 15 Minuten kross werden lassen. Achten Sie darauf, dass die Kartoffeln nicht zu braun werden.

Zutaten für 2 Personen

8	kleine neue Kartoffeln
1	Zweig Rosmarin oder getrockneter Rosmarin von Brecht (Reformhaus)
2 EL	Olivenöl
	Kräutersalz

Tipp

Die Kartoffeln haben eine so dünne Schale, dass Sie nicht geschält werden müssen.

Geht ganz schnell!

Pellkartoffeln mit Olivencreme (F, S, H, W)

▌ Zubereitungszeit: 15 Minuten

▌ Kartoffeln im Gemüsedämpfer garen und danach eventuell abpellen. Mit der Olivencreme bestreichen.

Zutaten für 2 Personen

6–8	Pellkartoffeln
1	Zweig Rosmarin oder
1	Glas Olivencreme (Rapunzel)

Tipp

Statt Olivencreme passen auch sehr gut Rukola-pesto ohne Knoblauch (von Rapunzel) oder eine Avocadocreme – Avocadofleisch mit einer Gabel zerdrücken und mit Zitronensaft und Kräutersalz würzen.

121

1 Woche Basenfasten plus

Geht ganz schnell!

Fenchelgemüse mit grünen Oliven (S, H, W)

Zutaten für 2 Personen

2	Fenchelknollen
	etwas Wasser
1 TL	gekörnte Brühe
	einige zerstoßene Korianderkörner
16–20	kleine grüne Oliven
1 TL	Olivenöl
	etwas Zitronensaft

▌ Zubereitungszeit: 12 Minuten

▌ Fenchel putzen und waschen, halbieren und den Strunk entfernen. Die Knolle in 1/2 cm breite Scheiben schneiden. Den Boden einer Jenaer Glasform mit Wasser bedecken, die gekörnte Brühe und das Olivenöl zugeben, zum Kochen bringen. Die Fenchelscheiben hineinlegen und mit den Korianderkörnern bestreut zugedeckt 4 Minuten dünsten.

▌ Die Oliven in Scheiben schneiden, das Fenchelgrün hacken und die Zitrone auspressen. Den Fenchel mit Oliven und Fenchelgrün bestreuen und mit Zitronensaft und Olivenöl beträufeln.

Kalzium pur!

Sesamgemüse aus dem Wok (W)

Zutaten für 2 Personen

1	Karotte
2	kleine Wirsingblätter
1	kleine Stange Lauch
3 EL	Sojabohnenkeimlinge (frisch oder aus dem Glas)
1 TL	Tahin
2 EL	Sesamsaat
2 EL	Sesamöl
	etwas frisches Koriandergrün
1	Blatt Norialgen

▌ Zubereitungszeit: 15 Minuten

▌ Die Karotte, die Wirsingblätter und den Lauch waschen und in sehr dünne Streifen schneiden. Das Sesamöl im Wok erhitzen und das Gemüse unter ständigem Rühren andünsten. Die Sojabohnenkeimlinge und 2 Esslöffel Wasser dazugeben.

▌ Die Norialgen in dünne Streifen schneiden und zusammen mit dem Tahin, der Sesamsaat und dem Koriandergrün in den Wok geben. Alles gut durchmischen und abschmecken. Falls die Mischung zu fad schmeckt, können Sie noch etwas Norialgen dazugeben.

Schüßler-Salze – das Plus bei Basenfasten plus

Schüßler-Salze + Basenfasten = das Powerpack für die Entsäuerung; außerdem helfen Schüßler-Salze bei eventuellen Nebenreaktionen.

Reicht Basenfasten alleine nicht aus, um zu entsäuern? – werden Sie vielleicht fragen. Nein, Sie *müssen* keine Schüßler-Salze dazunehmen. Wenn Sie kerngesund sind und Basenfasten wirklich nur zur Erhaltung Ihrer Gesundheit machen möchten, dann reichen ein bis zwei Wochen im Jahr ohne zusätzliche Maßnahmen völlig aus. Sie können aber auch – als Vorsorge sozusagen – Ihre Basenfastenwoche mit Schüßler-Salzen unterstützen, um den Mineralienhaushalt wieder zu regulieren. Das ist besonders dann sinnvoll, wenn Sie selbst von sich den Eindruck haben, dass Sie stark übersäuert sind.

Allgemeine Unterstützung des Fastens

Schüßler-Salze sind bestens zur Unterstützung des Basenfastens geeignet, denn sie regulieren auf sanfte Weise den gestörten Mineralienhaushalt. Wenn Sie Ihre Basenfastenkur gerne durch Schüßler-Salze optimieren wollen, dann gibt es eine Schüßler-Salz-Kombination – sozusagen ein Grundrezept –, das die wichtigsten Entgiftungs- und Entsäuerungsvorgänge im Körper auf natürliche Weise unterstützt.

- Nehmen Sie 2 Tabletten des entsprechenden Salzes vor den Mahlzeiten ein und lassen Sie diese und auf der Zunge zergehen.

Die Schüßler-Salz-Kombination beim Basenfasten

- Morgens: Nr. 9 Natrium phosphoricum D 6 – regt die Nieren zur Entgiftung und zur Ausscheidung überschüssiger Säuren an.
- Mittags: Nr. 11 Silicea D 12 – Entgiftung von Bindegewebe und Nieren.
- Nachmittags: Nr. 6 Kalium sulfuricum D 6 – Entgiftung der Leber
- Abends: Nr. 10 Natrium sulfuricum D 6 – regt den gesamten Stoffwechsel und den Leberstoffwechsel an, Gifte auszuscheiden.

1 Woche Basenfasten plus

▲ Schüßler-Salze unterstützen das Basenfasten.

Sie können sich jedoch auch auf ein Schüßler-Salz beschränken. Dann lassen Sie davon 3-mal täglich 2 Tabletten im Munde zergehen.

In der genannten Kombination helfen die Schüßler-Salze auch bei einer 6- bis 8-wöchigen Frühjahrskur, den Stoffwechsel anzukurbeln und lästigen Winterspeck loszuwerden.

Nr. 6: Kalium sulfuricum (Kaliumsulfat)

Dieses Salz unterstützt die Leberentgiftung und hilft, überschüssige Eiweiße abzubauen. Es hilft auch bei allen nicht heilen wollenden Entzündungen und bei chronischen Nasennebenhöhlen-Entzündungen mit gelben, harten Absonderungen.

Wenn Sie merken, dass Ihre Verdauung trotz Basenfasten träge bleibt, dann ist das Salz Nr. 6 hilfreich. Sollte sich die Verdauung auch mit Salz Nr. 6 nicht verbessern, dann ist das Schüßler-Salz Nr. 10 (Natrium sulfuricum) eine Alternative.

Sowohl zur allgemeinen Leberentgiftung als auch zur Unterstützung bei Problemen dieser Art können Sie während des Basenfastens von diesem Salz 3-mal täglich 2 Tabletten im Mund zergehen lassen.

▮ Ein sicheres Zeichen, dass Sie dieses Salz brauchen, ist, wenn der Zungenbelag sich während des Basenfastens gelb bis gelbbraun färbt.

Nr. 9: Natrium phosphoricum (Natriumphosphat)

Natrium phosphoricum ist *das* Entsäuerungsmittel nach Dr. Schüßler schlechthin. Bei allen säurebedingten Stoffwechselbelastungen kann man das

Schüßler-Salz Nr. 9 anwenden. Je länger allerdings eine Übersäuerung besteht, umso mehr wird der Mineralstoffwechsel gestört, sodass bei chronischer Übersäuerung meist noch das Salz Nr. 10 oder Nr. 6 dazugenommen werden muss, um den gesamten Stoffwechsel wiederzubeleben.

Das Salz Nr. 9 regt die Nieren an und unterstützt die Aufrechterhaltung des Säure-Basen-Gleichgewichts. Es verbessert den Nierenstoffwechsel und mindert alle säurebedingten Beschwerden, besonders rheumatische. Vor allem bei erhöhten Harnsäurewerten ist dieses Salz hilfreich. Es hilft auch bei Osteoporose und Sodbrennen sowie bei Akne und fettiger Haut. Dosierung: 3-mal täglich 2 Tabletten.

Nr. 10: Natrium sulfuricum (Natriumsulfat)

Natriumsulfat ist vielen als »Glaubersalz« bekannt, ein Abführmittel, das vor allem bei Fastenkuren gerne zur Darmreinigung verwendet wird. Als Schüßler-Salz, in homöopathischer Aufbereitung, wird es zur Anregung des gesamten Stoffwechsels verwendet und bewirkt eine verbesserte Ausscheidung von Säuren und Giftstoffen. Besonders Leber und Galle werden durch dieses Salz gut entgiftet.

Immer, wenn die Entgiftung und Entsäuerung etwas zu langsam vor sich geht, ist dieses Salz angezeigt. Auch eine träge Verdauung während des Basenfastens und Verdauungsstörungen wie Blähungen, Durchfälle, Verstopfung und Fettverdauungsstörungen lassen sich mit Natrium sulfuricum gut behandeln. Auch wenn während des Basenfastens Wasseransammlungen im Gesicht oder in den Gelenken auftreten, ist Natriumsulfat hilfreich. Auch depressive Verstimmungen während des Basenfastens lassen sich mit Salz Nr. 10 positiv beeinflussen.

▪ Wer dieses Salz braucht, hat oft einen schmutzig- bis bräunlich-grünlichen Zungenbelag mit bitterem Geschmack.

Schüßler-Salz Nr. 10 ist kein Abführmittel!

Da dieses Schüßler-Salz den Stoffwechsel anregt, können Sie es immer dann zur Unterstützung der Basenfastenkur einsetzen, wenn Ihr Stoffwechsel träge reagiert, was Sie ganz schnell daran merken, dass sich die Waage trotz Einhaltung aller Basenfastenregeln so gar nicht nach unten bewegen will. Aber Achtung: Die Einnahme von Schüßler-Salz Nr. 10 ist kein Ersatz für die Darmreinigung!

1 Woche Basenfasten plus

Wenn Sie nicht die gesamte Schüßler-Kur machen möchten, können Sie sich auch nur auf das Salz Nr. 10 beschränken: Nehmen Sie zur Ankurbelung des Stoffwechsels für 1–3 Wochen 3-mal täglich 2 Tabletten vor dem Essen ein.

Da Stoffwechselstörungen jedoch stets eine chronische Natur haben, handelt es sich dabei selten um eine Störung, die ausschließlich auf ein Ungleichgewicht im Natriumsulfathaushalt zurückgeht. Es macht deshalb Sinn, auch die empfohlenen Nr. 6, 9 und 11 dazuzunehmen.

Nr. 11: Silicea (Kieselsäure)

Dieses Schüßler-Salz wird auch das Schönheitsmittel der Biochemie genannt, denn es steigert die Festigkeit des Bindegewebes und ist wichtig für den Aufbau von Haut, Haaren und Nägeln. Silicea ist zuständig für die Vernetzung der Kollagenfasern und ein guter Feuchtigkeitsspeicher, weshalb man in Verpackungen von elektrischen Geräten immer kleine Beutelchen mit Silicea zur Trockenhaltung findet.

Die Nr. 11 hat aber auch tiefreichende Wirkungen auf Nieren und Bindegewebe und ist ein gutes Drainagemittel – das heißt, es durchspült Nieren und Bindegewebe und unterstützt so die Entgiftung des Bindegewebes. Mit diesen vielfältigen Wirkungen ist die Nr. 11 *das* Anti-Aging-Mittel der Biochemie. Silicea ist auch hilfreich bei Haarausfall sowie bei brüchigen und spröden Nägeln. Auch wenn Sie während des Basenfastens besonders viel schwitzen, hilft Silicea. Nehmen Sie täglich je 3-mal 2 Tabletten vor den Mahlzeiten ein.

◄ Nr. 11 ist *das* Anti-Aging-Mittel der Biochemie.

Schüßler-Salze helfen bei Nebenreaktionen

Die Erfahrung aus meinen Kursen zeigt, dass es beim Basenfasten hin und wieder zu einem »Aufleben« alter Krankheitsprozesse kommt – beispielweise zu einem verstärkten Schleimabgang bei häufig durchgemachten Nasennebenhöhlen-Entzündungen. Solche »Nebenerscheinungen« bekommen Sie mit Schüßler-Salzen schnell in den Griff.

■ Fastenkrisen kommen beim Basenfasten selten vor. Häufig sind jedoch Heilreaktionen.

Viele Fastenteilnehmer berichten auch von anfänglicher Müdigkeit, Abgeschlagenheit, Kopfschmerzen, Blähungen usw. Das sind ganz natürliche Reaktionen des Körpers oder der Seele auf die durch das Basenfasten eingeleitete Entgiftung. Also keine Panik: Solche Reaktionen zeigen, dass Ihr Körper auf die Entsäuerung anspricht und sich etwas tut. Die Art und Weise der Reaktion kann Ihnen nun behilflich sein, das oder die dazu passenden Schüßler-Salze zu finden. Mit dem passenden Schüßler-Salz können Sie nun die in Gang gebrachte Entsäuerungsreaktion so unterstützen, dass der Effekt noch verstärkt wird.

Wenn Sie mit der Basenfastenwoche begonnen haben, ist es wichtig, dass Sie Ihren Organismus und seine Reaktionen auf die Entsäuerungswoche genau beobachten. Die wichtigsten Hinweise erhalten Sie von Ihrer Zunge und von Ihren Ausscheidungen – siehe Seite 128. Beobachten Sie Ihren Körper während des Basenfastens genau, er liefert Ihnen wertvolle Hinweise und zeigt an, wo durch die Übersäuerung ein Mineralstoffungleichgewicht entstanden ist.

Beispiel: Sie leiden schon seit vielen Jahren an immer wiederkehrender chronischer Nasennebenhöhlen-Entzündung. Nach drei Tage Basenfasten färbt sich Ihr Zungenbelag gelbbraun und Sie müssen sich plötzlich ständig die Nase putzen, weil Sie viel gelblichen Schleim produzieren. Hier wird durch die Entsäuerung ein Heilprozess in Gang gesetzt, den man nun bestens mit dem Schüßler-Salz Nr. 6 (Kalium sulfuricum) unterstützen kann – siehe Seite 56.

Sollten Sie sich trotzdem unsicher fühlen, ob und welche dieser Salze für Sie in Frage kommen, dann lesen Sie ab Seite 50 in der Einzelbeschreibung der Mittel nach oder wenden Sie sich an einen Arzt oder Heilpraktiker, der sich auf Biochemie nach Dr. Schüßler spezialisiert hat.

1 Woche Basenfasten plus

GUT ZU WISSEN

So finden Sie das passende Salz

Beobachten Sie einfach, wie sich Ihre Zungenfarbe, der Zungenbelag und auch Ihre körperlichen Absonderungen während des Basenfastens verändern. Diese Veränderungen zeigen meist auf verblüffend einfache Art die momentane Notwendigkeit eines bestimmten Schüßler-Salzes an.

Veränderungen der Zungenfarbe und des Zungenbelags:

- Hart und rissig: Nr. 1 – Calcium fluoratum
- Dickweiß und pelzig mit süßlichem Geschmack: Nr. 2 – Calcium phosphoricum.
- Sauber, ohne Belag: Nr. 3 – Ferrum phosphoricum, Nr. 7 – Magnesium phosphoricum
- Weißgrauer, nicht schleimiger Belag: Nr. 4 – Kalium chloratum
- Senffarben, fauliger Geschmack: Nr. 5 – Kalium phosphoricum
- Gelb bis gelbbraun, schleimig: Nr. 6 – Kalium sulfuricum
- Rein, glasig, mit Schleimstraßen und Wasserbläschen: Nr. 8 – Natrium chloratum
- Feucht, goldgelb: Nr. 9 –Natrium phosphoricum
- Schmutzig, bräunlich-grünlich, bitterer Geschmack: Nr. 10 – Natrium sulfuricum
- Trocken, evtl. seifiger Geschmack: Nr. 11– Silicea
- Am Zungengrund lehmartig: Nr. 12 – Calcium sulfuricum

Veränderungen der Ausscheidungen:

- Nässend, zu Krustenbildung neigend: Salz Nr. 1 – Calcium fluoratum
- Nässend, wie rohes Eiweiß: Nr. 2 – Calcium phosphoricum
- Nasenbluten, sonst keine Absonderungen: Nr. 3 – Ferrum phosphoricum
- Nässend, weißgrau, fadenziehend: Nr. 4 – Kalium chloratum
- Schmierig, stinkend, ätzend: Nr. 5 – Kalium phosphoricum
- Gelb-schleimig (Nasensekret, Bronchialauswurf): Nr. 6 – Kalium sulfuricum
- Wie Wasser, oder völlig ausgetrocknete Schleimhäute: Nr. 8 – Natrium chloratum
- Rahmartig, honiggelbe Krusten: Nr. 9 – Natrium phosphoricum
- Nässend, Gelb-grün, grün-eitrig: Nr. 10 – Natrium sulfuricum
- Nässend, eitrig, gelbe Eiterkrusten: Nr. 11 – Silicea
- Nässend, blutig-eitrig: Nr. 12 – Calcium sulfuricum

Im akuten Fall lassen Sie alle 15 bis 30 Minuten 1 Tablette im Mund zergehen – mit einer Ausnahme: Die Nr. 7 Magnesiumphosphat wird als »Heiße Sieben« genommen, also 10 Tabletten in einer Tasse frisch abgekochtem Quellwasser auflösen und in kleinen Schlückchen trinken.

In chronischen Fällen empfiehlt sich die Einnahme von 3-mal täglich 1–2 Tabletten, jeweils vor den Mahlzeiten; Hinweise zu den Potenzen siehe Seite 48 f.

Schüßler-Salze – das Plus bei Basenfasten plus

Kopfschmerzen

Kopfschmerzen gehören zu den Standardbegleiterscheinungen beim Fasten und auch beim Basenfasten. Sie können unterschiedliche Ursachen haben, und je nach Ursache verschwinden sie am zweiten oder dritten Basenfastentag von alleine.

Wenn Sie zu den Kaffeegroßkonsumenten gehören, dann ist es sehr wahrscheinlich, dass die ersten drei Basenfastentage mit Kopfschmerzen einhergehen. Das ist der Koffeinentzug und der braucht seine Zeit. Sie können das verhindern, indem Sie Ihren Kaffeekonsum bereits einige Tage vor der Basenfastenkur reduzieren.

Wenn Sie an Migräne leiden, dann kann es sein, dass sich die Migräne unter dem Basenfasten verstärkt. Das kommt auch darauf an, ob Sie auch regelmäßig Kaffee trinken und Nahrungsmittelunverträglichkeiten haben, die Migräne verstärkend wirken.

Wenn Ihr Stoffwechsel trotz Übersäuerung noch fit ist (das gibt es häufig), dann sind anfängliche Kopfschmerzen selten ein Problem. Bei träger Stoffwechselsituation sollten Sie mit Schüßler-Salzen unterstützen, um nicht den Spaß am Basenfasten zu verlieren.

Schüßler-Salze bei Kopfschmerzen

- Bei fastenbedingten Kopfschmerzen: Schüßler-Salz Nr. 10 – Natrium sulfuricum beschleunigt die Ausscheidung der belastenden Gifte.
- Bei krampfartigen und allgemeinen Kopfschmerzen sowie bei allen anderen Arten von Schmerzen: Schüßler-Salz Nr. 7 – Magnesium phosphoricum.
- Bei Kopfdruck, Blutandrang im Kopf: Schüßler-Salz Nr. 3 – Ferrum phosphoricum.
- Bei Kopfdruck, evtl. mit Brechreiz und Verstopfung: Schüßler-Salz Nr. 8 – Natrium chloratum.
- Bei nervös bedingten Kopfschmerzen, innerer Unruhe: Schüßler-Salz Nr. 5 – Kalium phosphoricum.

- Nehmen Sie im Falle von Kopfschmerzen das jeweilige Schüßler-Salz wie die »Heiße Sieben« ein, das heißt 10 Tabletten in einer Tasse frisch abgekochtem heißem Quellwasser, und trinken Sie die Lösung in kleinen Schlückchen.

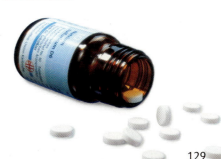

1 Woche Basenfasten plus

Wasseransammlungen in Fingern oder Füßen

Bei Wasseransammlungen in den Fingern, den Füßen oder in den Gelenken kommt meist das Schüßler-Salz Nr. 8 – Natrium chloratum – zur Entwässerung zum Einsatz. Wenn Sie merken, dass Sie während der Basenfastenwoche schlecht entwässern, obwohl Sie reichlich trinken, dann schafft dieses Schüßler-Salz schnell Abhilfe. Natrium chloratum reguliert den Wasserhaushalt und unterstützt sämtliche Fastenreaktionen, die mit einem Zuviel oder mit einem Zuwenig an Wasser einhergehen:

▌ Wasseransammlungen in Fingern, Füßen oder Gelenken
▌ Fließschnupfen oder im Gegenteil ganz trockene Schleimhäute
▌ Knacken in den Gelenken
▌ Tränensäcke.

▌ Lassen Sie morgens, mittags und abends je 2 Tabletten im Mund zergehen – vor der Mahlzeit.

Wenn Sie wissen, dass ihre Nieren nicht so gut entwässern können, dann unterstützen Sie den Effekt des Salzes Nr. 8 noch mit der Nr. 11 – Silicea.

Müdigkeit, Abgeschlagenheit

Nicht jeder ist nach wenigen Tagen Basenfasten fit und leistungsfähig. Manche Menschen plagen sich mit Müdigkeit und Abgeschlagenheit und kommen gar nicht mehr so recht in die Gänge.

Bevor Sie nun hier zu einem Schüßler-Salz greifen, machen Sie bitte einen kleine Check: Hat die Müdigkeit vielleicht eine ganz simple Ursache? Wenn Sie in den vergangenen Wochen wenig geschlafen haben und nun basenfasten, dann ist es ganz normal, dass Sie sich jetzt müde fühlen. Wenn Sie durch Basenfasten die Entsäuerung in Gang setzen, dann gehört auch das Nachholen von Schlaf dazu. Der Körper braucht seine Schlafphasen. Sobald Sie einige Tage früher ins Bett gegangen sind, erledigt sich das Thema.

Eine andere mögliche Ursache ist hoher Kaffeekonsum. Klar, dass Sie in den ersten Basenfastentagen etwas schlapp sind. Auch das legt sich nach wenigen Tagen.

Und schließlich gibt es noch die Möglichkeit, dass Ihr Stoffwechsel so sehr belastet ist, dass er sich alleine durch Basenfasten nicht mehr anregen lässt. In einem solchen Fall liegt meist eine chronische Erkrankung und/oder ein Herdgeschehen vor, wie eine chronische Nasennebenhöhlenvereiterung oder eine Zahnwurzelentzündung.

Die Schüßler-Salze Nr. 6 oder Nr. 10 – jeweils in D6 – kommen hier in Frage, ebenso das Salz Nr. 11 D12. Prüfen Sie

Schüßler-Salze – das Plus bei Basenfasten plus

▲ Wenn es Ihr Tagesablauf zulässt, geben Sie einfach Ihrem Ruhebedürnis nach.

Zungenbelag und Ausscheidungen (siehe Seite 128) und nehmen Sie dann das Salz, das in Ihrem Fall passt.

▌ Lassen Sie morgens, mittags und abends je 2 Tabletten im Mund zergehen – vor der Mahlzeit.

Wadenkrämpfe

Wadenkrämpfe, aber auch Krämpfe in den Oberschenkeln kommen vor allem bei Frauen in den Wechseljahren häufig vor. Krämpfe sind immer ein Zeichen eines Magnesiumungleichgewichts, weshalb das Schüßler-Salz Nr. 7 – Magnesium phosphoricum schnell Abhilfe schafft.

▌ Bei starken Krämpfen nehmen Sie das Salz als »Heiße Sieben« einmalig, bei leichteren Krämpfen ein bis zwei Tage lang 3 × 2 Tabletten vor den Mahlzeiten im Mund zergehen lassen.

Chronische Nasennebenhöhlen-Entzündungen

Latent vorhandene Nasennebenhöhlen-Entzündungen flackern unter Entsäuerungsmaßnahmen wie Basenfasten gerne ein wenig auf. Hier gibt es gleich mehrere in Frage kommende Schüßler-Salze. Es kommt darauf an, in welchem Entzündungsstadium nach Schüßler Sie sich gerade befinden. Die auf Seite 128 aufgezeigten Merkmale von Zunge und

1 Woche Basenfasten plus

◀ Erste Hilfe bei einem Heißhungeranfall: Einen Apfel langsam und ganz gründlich kauen.

Ausscheidungen geben Ihnen Anhaltspunkte, welches Schüßler-Salz Ihnen gerade am besten helfen wird. Achten Sie genau auf Ihre körperlichen Symptome und wählen Sie danach das passende Salz. Häufig kommen die Salze Nr. 6 und 10 zum Einsatz, eventuell auch die Nr. 12.

▪ Wenn während des Basenfastens Entzündungsherde aufflackern, sind diese in jedem Fall chronisch!

Heißhunger und Essensgelüste

Essensgelüste und Heißhungerattacken sind die gefürchtetsten Feinde jeder Fastenkur und können Ihnen eine Basenfastenwoche vermiesen. Sicher, es gibt Menschen, die sind so willensstark, dass sie eine Woche kühn an allen Verführungen vorbeimarschieren und sich freuen, wie gut sie allen Säuresünden widerstehen können. Andere jedoch werden von Heißhungerattacken geplagt und haben leider keinen so star-

Schüßler-Salze – das Plus bei Basenfasten plus ▶

ken Willen. Oder sie entwickeln eine Schokoladengier, die sich nicht stillen lässt.

Die gute Botschaft: Wenn Sie konsequent die Wacker-Regeln des Basenfastens befolgen, dann fühlen Sie sich meist so ausgeglichen, dass keine Gier auf bestimmte Lebensmittel entsteht. Es kann aber sein, dass Ihr Mineralienhaushalt so sehr im Ungleichgewicht ist, dass Sie plötzlich eine Gier auf Salziges, Süßes oder Saures entwickeln. Ist das bei Ihnen der Fall, dann sollten Sie zunächst Ihren Basenfastenspeiseplan so umstellen, dass die basischen Lebensmittel dieses Bedürfnis stillen.

Beispiel: Sie haben während des Basenfastens verstärkt Lust auf Salziges. Das ist zunächst ein Anzeichen dafür, dass Sie einen unausgeglichenen Kochsalzhaushalt haben. Sie können dem zunächst so begegnen, dass Sie sich genügend salzige Lebensmittel, wie Oliven, zurechtlegen, die Sie auch als Zwischenmahlzeit verzehren können. Wenn das nicht ausreicht, können Sie mit dem Schüßler-Salz Nr. 8 – Natrium chloratum (Kochsalz) das Ungleichgewicht wieder regulieren. Verwenden Sie Natriumchlorid dazu in der D 6 und lassen Sie 3-mal täglich 2 Tabletten im Mund zergehen. Behalten Sie diese Dosierung bis zum Ende der Basenfastenwoche bei und beobachten Sie, ob das Salzbedürfnis weniger wird. Sollte

Schüßler-Salze bei Heißhungerattacken

Gelüste auf	Hier hilft
Salziges	Nr. 8 – Natriumchlorat D6
Süßes	Nr. 9 – Natrium phosphoricum D6, Nr. 7 – Magnesium phosphoricum D6
Schokolade	Nr. 7 – Magnesium phosphoricum D12
Saures	Nr. 9 – Natrium phosphoricum D6
Bitteres	Nr. 10 – Natrium sulfuricum D6
Nüsse	Nr. 5 – Kalium phosphoricum D6
Fett	Nr. 5 – Kalium phosphoricum D6, Nr. 9 – Natrium phosphoricum D6

dieses Bedürfnis nach dem Basenfasten noch stark vorhanden sein, können Sie die Einnahme von Nr. 8 noch für ein bis zwei Wochen fortführen. So verfahren Sie auch mit anderen Gelüsten. Die entsprechenden Schüßler-Salze finden Sie in der folgenden Tabelle.

Ein Sonderfall sind allgemeine Heißhungerattacken auf einfach alles. Bevor Sie dabei ermattet zu einem Schüßler-

1 Woche Basenfasten plus

GUT ZU WISSEN

So beugen Sie Heißhungerattacken vor

- Vermeiden Sie zu lange Essenspausen, die Sie zum hungrigen Wolf werden lassen.
- Nehmen Sie sich immer Ihren basischen Proviant mit. Sorgen Sie dafür, dass Sie auch zu Hause immer gut mit basischem Sofortessbaren eingedeckt sind. Das können Mandeln, ungeschwefelte Trockenfrüchte, ein Glas Oliven, ein Glas milchsauer eingelegte Rote Bete, ein Kartoffelsalat vom Vortag oder ein Rest Gemüse vom Mittag sein.

- Essen Sie etwas, und wenn es auch nur ein Stück Apfel ist, und kauen Sie ihn langsam und gründlich, bevor Sie den Bärenhunger bekommen. Wenn Sie erst zum Kühlschrank gehen, wenn der Magen knurrt, haben Sie keine Chance mehr!
- Führen Sie immer Wasser mit sich. Mit Trinken können Sie Ihren Magen erst mal beruhigen.

Salz greifen, sollten Sie einige Tricks anwenden.

Wenn Sie diese Tricks anwenden, dann sollten die Heißhungerattacken deutlich zurückgehen. Sind doch noch Gelüste da? Spüren Sie genau nach, auf was Sie gerade Gelüste haben und suchen Sie sich das entsprechende Schüßler-Salz aus.

Wenn sich Ihre Heißhungerattacken trotz aller Tricks und auch mit Schüßler-Salzen nicht beheben lassen, dann sollten Sie einen auf Schüßler-Salze spezialisierten Arzt oder Heilpraktiker aufsuchen. Möglicherweise ist Ihr Stoffwechsel so durcheinander, dass es professioneller Hilfe bedarf.

So erhalten Sie sich Ihren Erfolg

Basenfasten stellt den Startschuss dar zu einer gesünderen Ernährungs- und Lebensweise.

Wunderbar – diese Woche Basenfasten haben Sie geschafft. Doch was kommt nun? Wie viele Säurebildner dürfen auf dem Speiseplan stehen, ohne dass Sie Ihren Säure-Basen-Haushalt wieder durcheinanderbringen? Die Säuren-Basen-Pyramide auf der nächsten Seite zeigt Ihnen den Weg aus der Säurefalle Ernährung. Erfahren Sie, wie Sie Ihren Säuresünden ein Schnippchen schlagen können und wie Sie den Erfolg Ihrer Basenfastenwoche, auch mit Unterstützung von Schüßler-Salzen erhalten können.

Auf die richtige Mischung kommt es an!

Fastenbrechen gibt es beim Basenfasten nicht – denn Sie essen ja auch während der Basenfastenwoche. Sie können diese Woche deshalb auch ohne Probleme auf zwei, drei, vier oder mehr Wochen ausdehnen – vorausgesetzt, Sie sind gesundheitlich stabil. Im Zweifelsfall ist es besser, sich bei längeren Basenfastenzeiten von einem im Fasten erfahrenen Therapeuten begleiten zu lassen.

- Essen Sie auch nach dem Basenfasten mehrmals täglich Gemüse, frische Kräuter, Salat und Obst.

Wenn Sie nach einer oder zwei Wochen Basenfasten wieder zur »normalen« Ernährung zurückkehren möchten, entscheidet die Zusammensetzung der Nahrung und das richtige Mischungsverhältnis zwischen säurebildenden und basenbildenden Lebensmitteln darüber, wie lange Sie Ihren Basenfastenerfolg erhalten können. Die folgende Säure-Basen-Pyramide zeigt das auf einen Blick.

Ihre Ernährung nach dem Basenfasten

Essen Sie weiterhin deutlich mehr basenbildende Gemüse und Obstgerichte und so wenig wie möglich säurebildende Produkte. Denken Sie daran: Fast alle tierischen Produkte werden sauer verstoffwechselt.

Die Säuren-Basen-Pyramide

Auf der Grundlage der Ernährungspyramide der Deutschen Gesellschaft für Ernährung (DGE) habe ich eine so genannte Säuren-Basen-Pyramide entwickelt. Diese Pyramide gibt die optimalen Mengenverhältnisse der Nahrungsgruppen im Hinblick auf den Säure-Basen-Haushalt an.

▼ Eine Ernährung nach der Säure-Basen-Pyramide hilft, den Erfolg des Basenfastens zu erhalten und nicht wieder sauer zu werden.

20%

5 Süßigkeiten
Limonaden, Cola, Softdrinks, Kaffee, Alkohol
Fleisch, Geflügel, Fisch
Weißmehlprodukte, Nudeln
Milchprodukte (Käse, Butter, Jogurt)
Säurebildende Gemüse (Spargel, Rosenkohl, Artischocken, Linsen)

4 Vollkornprodukte, Getreide (Flocken, gekocht, geschrotet), Vollkornnudeln, Brot (mehr Dinkel, Hirse und Hafer, weniger Weizen und Roggen

80%

3 Kaltgepresste Öle, Nüsse, Samen

2 Obst, möglichst roh – bis 14 Uhr

1 Basis: Gemüse, roh und gegart, Kräuter und Keimlinge

Die Basis der täglichen Nahrungsmittel bilden Gemüse, Kräuter, Keimlinge und Obst. Optimal ist es, wenn die Nummern 1–3 insgesamt 80 % Ihrer Ernährung einnehmen und die unter 4 und 5 genannten Lebensmittel sich nur zu maximal 20 % in Ihrer täglichen Nahrung finden – d. h. so wenig wie möglich. Das entspricht der Ernährung nach der so genannten 80:20-Regel. Es ist sehr hilfreich, diese Orientierung zu verinnerlichen.

Ein- oder zweimal im Jahr Basenfasten hält fit

In der Basenfastenwoche konnten Sie ja lernen, »basisch« zu denken. Wenn Sie das beibehalten, kann eigentlich nichts mehr schief gehen. Hier eine kleine Hilfestellung, wie Sie »Basisches« in Ihren Alltag integrieren können:

Wie Sie täglich »Basisches« integrieren können

Machen Sie diesen kleinen Check jeden Tag:
- Woher erhalte ich heute mein tägliches Obst und Gemüse?
- Wann und wo baue ich heute meine Bewegung ein?
- Wie komme ich heute zu ausreichender Erholung?

Mit diesem täglichen Check geht Ihnen das »basische Denken« in Fleisch und Blut über. Denn basisches Denken bezieht sich nicht nur auf Essen – auch Bewegung und Erholung gehören dazu.

Neben einer langfristigen Ernährungsumstellung mit vielen Basenbildnern ist eine Umstellung der Lebensweise (mehr Bewegung, weniger Stress, Verzicht bzw. Einschränkung von Zigaretten, Alkohol und Kaffee und anderen Genussgiften) die wichtigste Voraussetzung, um gesund zu bleiben oder um es zu werden.

Und wenn Ihre Ernährungs- und Lebensweise doch mal wieder aus allen Fugen gerät, dann hilft oft schon ein rein basischer Tag zwischendurch, um den Säure-Basen-Haushalt wieder ins Gleichgewicht zu bringen.

Der basische Tag für zwischendurch

Legen Sie einfach hin und wieder einen rein basischen Tag ein. Ideal ist, wenn Sie einen 100 % basischen Tag pro Woche schaffen. Das erfordert kaum Vorbereitung und lässt sich schnell und unkonventionell in den Alltag einbauen.

1 Woche Basenfasten plus

So ein Tag entlastet und bügelt kleine Säuresünden aus. Ideal für einen Basenfastentag ist ein arbeitsfreier Tag, etwa ein Samstag.

Planen Sie jetzt schon Ihre nächste Basenfastenwoche

Wenn Sie sich langfristig gesund erhalten wollen, dann reicht einmal Basenfasten natürlich nicht aus. Die Erfahrung zeigt, dass ein- bis zweimal im Jahr Basenfasten für ein oder zwei Wochen ideal sind. Ob Sie nun genau nach 6 Monaten oder erst nach 8 Monaten wieder eine Basenfastenwoche einlegen, das hängt von Ihrem Lebensstil, Ihren persönlichen Lebensumständen und Ihrem Gesundheitszustand ab. Wichtiger aber ist, wann Sie persönlich das *Bedürfnis* nach einer Basenfastenkur haben. Spätestens dann wird es Zeit, nur noch Gemüse und Obst einzukaufen.

Wenn Sie zu den Menschen gehören, die so etwas grundsätzlich nicht bemerken, dann planen Sie einfach Ihre nächste Basenfastenwoche, tragen Sie sich den Termin in den Kalender ein – so geht das Vorhaben nicht im Alltagsgewimmel unter.

Achten Sie weiterhin auf Ihren Mineralstoffhaushalt

Wenn Sie regelmäßig, das heißt ein- bis zweimal im Jahr basenfasten, und dies mit Schüßler-Salzen unterstützen, dann haben Sie eine einfache und wirksame Methode gefunden, Ihren Mineralstoffwechsel in Ordnung zu halten. Denken Sie aber auch daran, dass ein ausgewogener Mineralstoffwechsel auf eine tägliche basenreiche – das heißt auch mineralstoffreiche Kost angewiesen ist.

So halten Sie Ihren Mineralstoffhaushalt in Schuss

- Achten Sie auf eine abwechslungsreiche basenüberschüssige (= mineralienreiche), natürliche Nahrung.
- Meiden Sie Mineralienräuber (säurenbildende Ernährung, Stress, Genussgifte) so gut wie möglich.
- Legen Sie ein- bis zweimal im Jahr eine Basenfastenwoche ein.
- Machen Sie ein- bis zweimal im Jahr eine Mineralstoffkur mit Schüßler-Salzen (siehe Seiten 97 und 123f.) zur Entsäuerung.

Bildnachweis und Bezugsquellen

- Chufas Nüssli (S. 144): Habel-Getreide-flocken, Ringstr. 18, 86511 Schmiechen
- Gemüsedünster (S. 33): WMF Aktien-gesellschaft, Eberhardstraße, 73309 Geislingen/Steige
- Entsafter (S. 35): Keimling Naturkost GmbH, Bahnhofstr. 51, 21614 Buxtehude, Tel. 04161/51160 www.keimling.de E-mail: naturkost@keimling.de
- Keimlinge (S. 88), Sprossen, Samen: Eschenfelder, Turnstr. 30 (Fabrik am Kreuzfelsen), 76846 Hauenstein, Tel. 06392/71 19 www.eschenfelder.de Bötz Gemüsebau, Loher Hauptstr. 99, 90427 Nürnberg, Tel. 0911/34 53 91
- Kräutersalz: Gewürzmühle Brecht GmbH, Ottostr. 1–3, 76334 Eggenstein
- Kräuterseitlinge: Pilzgarten GmbH, Fabrikstraße 12, 27389 Helvesiek, Tel. 4267/93 3 0
- Mineralwasser: Lauretana Wasser, www. Lauretana.de
- Naturkost: Rapunzel Naturkost AG, Haldergasse 9, 87764 Legau
- Schüßler-Salze (S. 44–64): Deutsche Homöopathie-Union, Ottostr. 24, 76227 Karlsruhe, Tel. 0721/40 93 01
- Tees: Lebensbaum, Ulrich Walter GmbH, Dr.-Jürgen-Ulderup-Str. 12, 49356 Diepholz, Tel. 05441/98 56-100

Literatur

Sabine Wacker, Dr. med. Andreas Wacker: Gesundheitserlebnis Basenfasten. Haug, Stuttgart 2002

Sabine Wacker, Dr. med. Andreas Wacker: Allergien: Endlich Hilfe durch Basenfasten. Haug, Stuttgart 2004

Sabine Wacker, Dr. med. Andreas Wacker: Basenfasten für Sie. Haug, Stuttgart 2005

Sabine Wacker: Basenfasten: Das 7-Tage-Erfolgsprogramm für Eilige. Haug, Stuttgart 2004

Sabine Wacker: In Balance mit Schüßler-Salzen. Haug, Stuttgart 2006

Sabine Wacker: Ihr Einkaufsführer Basenfasten. Haug, Stuttgart 2006

Sabine Wacker: Basenfasten: Das große Kochbuch. Haug, Stuttgart 2007

Register

Abendessen, basisches 111
Abgeschlagenheit,
  Behandlung mit Schüßler-
  Salzen 65, 130
  beim Basenfasten 127
Akne 59
Akutmittel, biochemi-
  sches 53
Alkohol 39
Allergien 11
  Behandlung mit Schüßler-
  Salzen 65
  Vitalstoffbedarf 41
Altern 18, 61
Anbaumethoden 31 ff.
Anthocyane 29
Anti-Aging-Mittel 61, 126
Antioxidanzien 18 f., 29
Antlitzdiagnostik 48
Augenlider, geschwollene 65
Ausleitungsmittel, biochemi-
  sches 60
Ausscheidungen, als
  Hinweise auf Schüßler-
  Salze 128

Ballaststoffe 26
Bandscheibenvorfall 55
Basenbad 74
Basendepots des Körpers 14
Basenfasten, Entstehungs-
  geschichte 12
Basenfasten, Regeln 75
Basenfasten-Basics 68
Basenfasten-plus-
  Programm 97
Basenfastentag zwischen-
  durch 138
Basenfastenwoche 137 f.

Basometer 78
Bauchspeicheldrüse 14
Belohnung als
  Motivationshilfe 69
beta-Carotin 19
Bewegungsmangel 39
Bewegungsprogramm, beim
  Basenfasten 74
Bikarbonatpuffer 13
Bindegewebskur 61
Bio-Anbau 31, 34
Biochemie nach Dr. Schüß-
  ler 46
Blähungen 59 f.
  beim Basenfasten 127
Blasenschwäche 55
Blutdruck, Natrium-
  konsum 20
Braten 32
Buchinger-Fasten 12
Burn-out-Syndrom 55

Carotin 19
Chlor 21
Cholesterin 26
Chrom 25
Coenzym Q 10 19
Cola 21, 39
Colon-Hydro-Therapie 72

Dampfgaren 32
Darmerkrankungen, ent-
  zündliche 18, 39, 54
Darmkrebs 26, 39
Darmreinigung 70
Darmschleimhaut, bei
  Allergien 41
Darmwände, entzündete 39
Denken, basisches 137

Diabetes Typ 2 26
  Behandlung mit Schüßler-
  Salzen 49
Dosengemüse 30
Dosierungen der Schüßler-
  Salze 48
Durchblutungsstörungen 58
Durchfälle 60

Einläufe 71
Einnahme der Schüßler-
  Salze 48
Einsatzgebiete der Schüßler-
  Salze 50
Eisen 18, 22, 42
  erhöhter Bedarf 22
  in Kräutern 87
Eisenphosphat 53
Eitermittel der Biochemie 62
Eiweißversorgung beim
  Basenfasten 16
Entgiftung 56
Entgiftungskur 48
Entgiftungsmittel, biochemi-
  sches 60
Entsafter 35
Entsäuerung 59
  durch Basenfasten 10
Entsäuerungsreaktionen 127
Entwässerung 130
Entzündungen 54, 61
  Behandlung mit Schüßler-
  Salzen 53
  chronische 56
Entzündungsherde 132
Ergänzungsmittel 50, 63

Register ▶

Erholung beim Basen-
fasten 74
Ernährung, ideale 13
Ernährung nach dem
Basenfasten 135
Ernährung, pflanzliche 15
Ernährung, »normale« 10,
30, 135
Erschöpfung 55
Behandlung mit Schüßler-
Salzen 65
Essensgelüste, Behandlung
mit Schüßler-Salzen 132
Essmenge beim
Basenfasten 76

Farbstoffe in Pflanzen 27 f.
Fasten 12
Fastenkrisen 127
Fastfood 31
Fehlernährung 47
Fehlverteilung von
Mineralien 46
Fertiggerichte, basische 91
Fette 16
Fettverdauungsstörungen 60
Fieberbläschen 58
Flavonoide 29
Flugobst 34
Fluor 24, 25
Folsäure 19
Freie Radikale 18 f., 29
Frühstück, basisches 98
Funktionsmittel, biochemi-
sche 47

Gallenkoliken 57
Gallensteine 59
Gedächtnisschwäche 55
Gelenkschmiere 58
Gemüsedämpfer 32
Gemüsegerichte, warme 111

Gemüsesorten, basen-
bildende 82 f.
Gemüsesuppen 111
Genuss beim
Basenfasten 69
Genussgifte 38
Gewichtsreduktion 16
Gewürze 77, 85 ff.
Gicht 59
Glaubersalz 60, 71, 125
Glucosinolate 27
Gürtelrose 58

Haarausfall, Behandlung mit
Schüßler-Salzen 61, 65
Hautausschläge 55, 56
nässende 60
Heiße Sieben 57
Heißhunger, Behandlung mit
Schüßler-Salzen 132
Vorbeugung 134
Herdgeschehen 130
Herz-Kreislauf-Erkrankungen
11, 18
Herzinfarkt 26
Homöopathie und Schüßler-
Salze 49
Hormonersatztherapie 17
Hühneraugen 60

Infekte, Behandlung mit
Schüßler-Salzen 48
Insulin 21 f., 25
Irrigator 71

Jahreszeit 96
Jod 24

Kaffee 129 f.
Kalium 20
Kalium sulfuricum 123 f.
Kaliumchlorid 54

Kaliumphosphat 55
Kaliumsulfat 28, 56, 124
Kalzium 20
bessere Aufnahme 18
Kalziumbedarf, erhöhter 20
Kalziumfluorid 51
Kalziumgehalt, Lebens-
mittel 17
Kalziummangel 17
Kalziumphosphat 14, 21, 52
Kalziumsalze 50
Kalziumsulfat 62
Kalziumverluste 21
Kamillentee 70
Kapuzinerkresse 110
Kauen 77
Keime 88, 89
Kieselsäure 126
Knochen, Kalziumgehalt 20
Knochensalz 52
Kobalt 25
Kochen 32
Kochsalz 20, 21
Kohl 27
Kohlenhydrate 16
Säurewirkung 13
Koliken 59
Kopfschmerzen
Behandlung mit Schüßler-
Salzen 129
beim Basenfasten 127,
129
wandernde 57
Krämpfe
Behandlung mit Schüßler-
Salzen 64
beim Basenfasten 64
Krampfmittel der
Biochemie 57
Krankheiten, langjährige
40, 42
Kräuter 23, 85 ff.

141

Register

Krebs, Vitalstoffbedarf 18,
26, 28, 40
Kupfer 24

Lagerung von Obst und
Gemüse 33
Laktose 49
Laktoseintoleranz und
Schüßler-Salze 49
leaky gut syndrome 39
Lebensmittelzusatzstoffe 21
Lebensweise, langfristige
Umstellung 137
Lecithin 21
Leistungsabfall, Behandlung
mit Schüßler-Salzen 65
Leitungswasser 41
Lignin 26
Limonaden 39
Lycopin 19

Magensäure 13, 21
Magenschleimhautentzün-
dungen 54
Magnesiaröte 57
Magnesium 21
Magnesiumphosphat 57, 64
Mangan 19, 23
Mangold 22
Mengenelemente 20
Migräne 129
Milchprodukte zur
Kalziumversorgung 17
Milchzucker 49
Mineralien
in Wasser 41
als Tabletten 42
Mineralsalztherapie 46
Mineralstoffe 20
Mittagessen, basisches 106
Mittelmeerkräuter 87
Molybdän 25

Monokultur 31
Motivation 68
Müdigkeit
Behandlung mit Schüßler-
Salzen 130
beim Basenfasten 127
Muskelschwäche 55

Nährstoffkonzentrate 42
Nährstoffmangel 38
Nahrungsergänzungsmittel
31, 42
Narbenbehandlung 51
Nasennebenhöhlen-Entzün-
dungen 56
Behandlung mit Schüßler-
Salzen 131
Natrium 20
Natrium chloratum 133
Natrium phosphoricum
97, 123 f.
Natrium sulfuricum 97,
123, 125
Natriumchlorid 58
Natriumphosphat 59, 124
Natriumsulfat 28, 60, 71, 125
Nebenreaktionen beim
Basenfasten 127
Nebenstoffe 27
Nickel 25
Nierenkoliken 57
Notfallmittel, bioche-
misches 53
Nudeln 30

Obst, getrocknetes 81
Obstsalate 98
Obstsorten, basen-
bildende 79 f.
Ödeme 58, 60, 130
Öle 92
OPC 29

Oregano 87
Osteoporose 14, 17, 59
Prophylaxe 52
Oxalsäuresalze 22

Pektin 26
Pfefferminztee 70
Pflanzenstoffe, sekun-
däre 27
Phosphatpuffer 13
Phosphor 21, 47
Phosphorsalze 50
Pilze, Eisengehalt 22
Pizza 30
Polyphenole 29
Potenzen der Schüßler-
Salze 49
Prellungen 53
Provitamin A 19
Pufferbasen 14
Pufferfunktionen 13

Quellwasser 41, 70
Quetschungen 53

Raffinade 30, 38
Rauchen 39
Regeneration 52
Reife von Obst und
Gemüse 96
Reiz, pathogener 47
Rheuma 11, 59
Rohkost 31, 76, 106
Rosmarin 87
Rotwein 29

Säfte 98
frisch gepresste 35
Saisonkalender 36
Salate 85 ff., 106
Salz(e)
beim Kochen 32

im Körper 13
Salzsäure 13
Samen 88, 89
Saponine 27
Säurebildner 10, 11
Säuren, Ausscheidung 10
Säuren-Basen-Pyramide 136
Säureüberschuss,
    Hinweise 10
Schilddrüsenhormone 24
Schlaflosigkeit 55
Schleimhäute, Kur mit
    Schüßler-Salzen 54
Schmerzen
    Behandlung mit Schüßler-
    Salzen 48
    wandernde 57
Schmerzmittel der
    Biochemie 57
Schnupfen, wässriger 58
Schokoladengier 133
Schönheitsmittel, biochemi-
    sches 61, 126
Schüßler-Salze 46 ff.
    beim Basenfasten-plus-
    Programm 97, 123
Schwangerschaft 40, 42
Schwefel 21, 27, 28
Schwefelung von
    Trockenobst 81
Schwellungen, Behandlung
    mit Schüßler-Salzen 65
Sehnenscheiden-
    entzündungen 54
Seitlinge 108
Selbstbehandlung mit
    Schüßler-Salzen 50
Selen 19, 23 f., 42
Siebeinsatz 33
Silicea 61, 97, 123, 126
Silizium 24

Sodbrennen 59
    Behandlung mit Schüßler-
    Salzen 48
Sonnenbrand 53
Spinat 22
Sprossen 88, 89
Spurenelemente 22
Stabilisator der
    Biochemie 51
Stillzeit 40, 42
Stoffwechselbelastungen 59
Stress 38 f.
    oxidativer 18
Stuhlgang beim
    Basenfasten 70
Sulfat 28
Süßes beim Basenfasten 78

Teesorten, beim
    Basenfasten 70, 93
Thymian 87
Trinken beim Basenfasten 70
Trinkwasser, Fluorierung 24
Trockenobst, ungeschwefel-
    tes 81

Überdüngung 31, 38
Übergewicht 30
Übersäuerung
    chronische 39
    Krankheiten 11

Vanadium 25
Verbrennungen, 53
Verdauung 26, 56
Verstauchungen 53
Verstopfung 56, 58, 60
Vitalstoffbedarf, erhöhter
    38, 40
Vitalstoffe
    Definition 15
    Fehlverteilung 47

Vitalstoffgehalt von
    Nahrungsmitteln 31
Vitalstoffmangel 30, 38
    Selbsttest 43
Vitalstoffräuber 39
Vitalstoffzufuhr durch
    Medikamente 42
Vitamine 18 f.

Wacker-Regeln 75 f.
Wadenkrämpfe, Behandlung
    mit Schüßler-Salzen 131
Wasser 41
    beim Basenfasten 93
Wasseransammlungen,
    Behandlung mit Schüßler-
    Salzen 58, 130
Wegweiser zum passenden
    Salz 128
Weintrauben 29
Weißmehl 26, 30
Witwenbuckel 14
Wunden, frische 53
Wurstwaren 21

Zähne 20
Zahnschmerzen 57
Zellmembranen 18
Zellulose 26
Zigaretten 39
Zink 19, 22 f., 42
Zivilisationskost 26, 38
Zubereitung 76
    vitalstoffschonende 31
Zucker 39
    beim Basenfasten 78
    raffinierter 30
Zungenbeläge 128
Zungenfarbe 128
Zwischenmahlzeiten 105
    geeignete Nahrungs-
    mittel 81

143

Impressum

Bibliografische Information der Deutschen Nationalbibliothek
Die Deutsche Nationalbibliothek verzeichnet diese Publikation in der Deutschen Nationalbibliografie;
detaillierte bibliografische Daten sind im Internet über http://dnb.d-nb.de abrufbar

---

2., überarbeitete Auflage
© 2007 Karl F. Haug Verlag in MVS
Medizinverlage Stuttgart GmbH & Co. KG.,
Oswald-Hesse-Str. 50, 70469 Stuttgart
Printed in Germany

Programmplanung: Dr. Elvira Weißmann-Orzlowski
Bearbeitung: Sabine Seifert · Satz/Grafik/Lektorat
Umschlaggestaltung und Layout:
CYCLUS · Visuelle Kommunikation
Satz: Sabine Seifert · Satz/Grafik/Lektorat
Satzsystem: QuarkXPress
Druck und Verarbeitung: Westermann Druck
Zwickau GmbH, Zwickau

Gedruckt auf chlorfrei gebleichtem Papier

ISBN 978-3-8304-2255-6   1 2 3 4 5

Bildnachweis:
Umschlagfoto: zefa
Fotos im Innenteil: aid infodienst (S. 36/37),
Creativ Collection (S. 71, 120); DHU (S. 44–64);
Peter Dorn (S. 73); Foto Clip Collection (S. 19, 84,
111); Getty Images (S. 23); Keimling (S. 35); MEV
(S.8/9, 31, 39, 40, 74, 75); PhotoAlto (S.94/95);
PhotoDisc (S. 16, 66/67, 92, 93, 126, 131, 132);
Sabine Seifert (S. 14, 136); WMF (S. 33); Fridhelm
Volk (S. 124), Sabine Wacker (S. 109); Thieme-
Archiv (S. 69); alle übrigen: Dagmar Locher

Wichtiger Hinweis
Das Werk ist urheberrechtlich geschützt. Nach-
druck, Übersetzung, Entnahme von Abbildungen,
Wiedergabe auf photomechanischem oder
ähnlichem Wege, Speicherung in DV-Systemen
oder auf elektronischen Datenträgern sowie die
Bereitstellung der Inhalte im Internet oder in
anderen Kommunikationsdiensten sind ohne
vorherige schriftliche Genehmigung des Verlages
auch bei nur auszugsweiser Verwertung strafbar.

Die Ratschläge und Empfehlungen dieses Buches
wurden von Autor und Verlag nach bestem

Wissen und Gewissen erarbeitet und sorgfältig
geprüft. Dennoch kann eine Garantie nicht
übernommen werden. Eine Haftung des Autors,
des Verlages oder seiner Beauftragten für
Personen-, Sach- oder Vermögensschäden
ist ausgeschlossen.

Sofern in diesem Buch eingetragene Waren-
zeichen, Handelsnamen und Gebrauchsnamen
verwendet werden, auch wenn diese nicht als
solche gekennzeichnet sind, gelten die entsprechenden Schutzbestimmungen.